Perspektiven der österreichischen Neutralität

Internationale Märkte

Herausgegeben von
Prof. Dr. Herbert Strunz

Band 11

PETER LANG
Frankfurt am Main · Berlin · Bern · Bruxelles · New York · Oxford · Wien

Silvia Michal-Misak/Monique Dorsch/
Herbert Strunz

Perspektiven der österreichischen Neutralität

Politische und ökonomische Auswirkungen

PETER LANG
Europäischer Verlag der Wissenschaften

Bibliografische Information Der Deutschen Bibliothek
Die Deutsche Bibliothek verzeichnet diese Publikation in der Deutschen Nationalbibliografie; detaillierte bibliografische Daten sind im Internet über <http://dnb.ddb.de> abrufbar.

Gedruckt mit Förderung des Bundesministeriums für Bildung, Kultur und Wissenschaft in Wien.

Die Umschlagabbildung zeigt eine Perspektive von Wien, im Hintergrund die UNO-City.
© Monique Dorsch

ISSN 1435-473X
ISBN 3-631-53879-0

www.peterlang.de

Vorwort

Seit Ende der 1980er bzw. Anfang der 1990er Jahre hat sich ein tiefgreifender Wandel sowohl in den internationalen Wirtschaftsstrukturen als auch in den politischen und gesellschaftlichen Bereichen der Staatenwelt vollzogen, dessen Auswirkungen konzeptionell noch nicht hinreichend bearbeitet wurden. Auch die Zusammenhänge zwischen den neuen politischen und wirtschaftlichen Phänomenen werden unterschiedlich interpretiert. Die Fragen nach den Folgen der Globalisierung, der Entstehung von Integrationsräumen auf der einen Seite sowie die Probleme im Umgang mit veränderten Bedrohungsszenarien und Sicherheitskonzepten andererseits haben auch die österreichische Neutralität wieder stärker in den Mittelpunkt innen- und außenpolitischer Diskussionen gerückt. Zusätzlich wird durch den innenpolitischen Machtwechsel in Österreich angesichts der Dynamik der Europäischen Union im Bereich der Außen- und Verteidigungspolitik die Frage der Neutralität von den Regierungs- und Oppositionsparteien unterschiedlich bewertet.

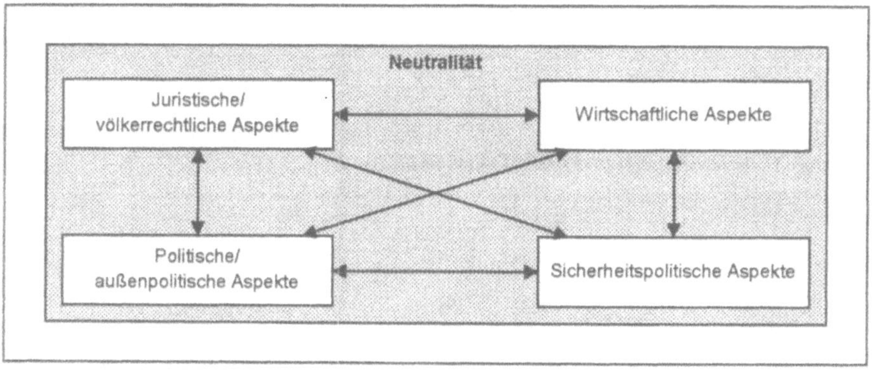

***Abbildung 0-1** Aspekte der Neutralität*

Die in diesem Zusammenhang jüngst durchgeführten Forschungen konzentrieren sich auf verschiedene Teilaspekte der österreichischen Neutralität mit Schwerpunkten in bezug auf völkerrechtliche und sicherheitspolitische Fragestellungen – vor allem im Zusammenhang mit der fortschreitenden sicherheitspolitischen Zusammenarbeit innerhalb der Europäischen Union.

Ziel dieser Studie ist es, die vergangenen und gegenwärtigen politischen und wirtschaftlichen Rahmenbedingungen und deren Wechselwirkungen in Hinblick auf die österreichische Neutralität zu analysieren sowie mögliche Szenarien für die Zukunft zu entwickeln. Dabei werden der Untersuchung zwei grundsätzliche Optionen, jene der Aufrechterhaltung und die der Aufgabe der Neutralität, zugrunde gelegt und auf kurz-, mittel- und langfristige Vor- und Nachteile untersucht. Wesentliches Augenmerk wird dabei auf das für den Handlungsspielraum österreichischer Neutralitätspolitik relevante innen- wie außenpolitische Umfeld gelegt.

Die Studie gliedert sich in zwei Teile: zum einen in eine Untersuchung der außen- und innenpolitischen Rahmenbedingungen, zum anderen in eine Analyse der ökonomischen Aspekte der Neutralität Österreichs.

Silvia Michal-Misak, Monique Dorsch und Herbert Strunz

Wien/Zwickau, im Dezember 2004

Inhalt

Politische Auswirkungen der österreichischen Neutralität

A

1 Forschungsgegenstand und Fragestellungen

Im Mittelpunkt dieses Teiles steht eine Analyse der immerwährenden österreichischen Neutralität im Kontext der Sicherheitspolitik, wobei hier von einem umfassenden Sicherheitsbegriff ausgegangen wird: Umfassende Sicherheitspolitik strebt nach politischer, wirtschaftlicher, ökologischer, sozialer und militärischer Stabilität. Sie setzt vorausschauend und prophylaktisch stabilitätsfördernde und demokratiesichernde Maßnahmen. Die immerwährende Neutralität Österreichs verstand sich als ein Instrument der österreichischen Sicherheitspolitik, sie war und ist dem Strukturwandel des internationalen Systems ausgesetzt. Die aktuelle Neutralitätskonzeption unterscheidet sich daher grundlegend von den österreichischen Neutralitätskonzepten der Fünfziger- und Sechzigerjahre. Der rechtliche Kern des Neutralitätsverständnisses, das Bundesverfassungsgesetz über die Neutralität Österreichs und damit das dort verankerte Stationierungsverbot fremder Truppen, die Nichtteilnahme an Kriegen oder die Bündnisfreiheit Österreichs, ist seit 1955 jedoch unverändert. Sie wird jedoch innen- wie auch außenpolitisch zunehmend kontroversiell diskutiert: Das Meinungsspektrum reicht hier von einer de-facto-Aufgabe und Aushöhlung bis zum Festhalten. Die neue Sicherheits- und Verteidigungsdoktrin wird in diesem Zusammenhang zu untersuchen sein. Weiters soll der Frage nachgegangen werden, ob und inwieweit die außenpolitischen Rahmenbedingen zu veränderten neutralitätspolitischen Sicht- und Handlungsweisen geführt haben, welche Vor- oder Nachteile Österreich aus dem Status der immerwährenden Neutralität erwachsen sind und welche Optionen sich für die Zukunft anbieten. Der jüngsten Entwicklung innerhalb der Europäischen Union, die Herausbildung der

Gemeinsamen Europäischen Sicherheits- und Verteidigungspolitik (GESVP), wie sie im Vertrag von Nizza und in der Verfassung vorgesehen ist, soll besondere Aufmerksamkeit geschenkt werden. Nicht unwesentlich erscheinen in diesem Zusammenhang auch Veränderungen in der Völkerrechtsinterpretation und -praxis.

Da außenpolitisches Verhalten auch immer eine Reihe innenpolitischer Implikationen enthält, werden in diesem Teil noch weitere zentrale Ebenen untersucht:

- Die Funktion und Instrumentalisierung der österreichischen Neutralität in der innenpolitischen/parteipolitischen Diskussion. Hier sind vor allem die Positionen der politischen Parteien und relevanter Interessengruppen von Interesse.
- Da politischer Diskurs vornehmlich über Massen-Medien vermittelt wird, soll in diesem Zusammenhang auch die Medienberichterstattung untersucht werden.
- Die Wahrnehmung und Einschätzung der österreichischen Neutralität seitens der Bevölkerung stehen seit vielen Jahren auf der Agenda demoskopischer Erhebungen. Hier ist von Interesse, ob, in welchem Ausmaß und aus welchen Gründen es hier zu Veränderungen gekommen ist.
- Die immerwährende Neutralität Österreichs gilt seit Ende der fünfziger Jahre als zentrales identitätsstiftendes Element der österreichischen Nation. In diesem Abschnitt soll der Frage nach der Beschaffenheit der österreichischen Identität und nach Veränderungen dieser Identitätskonstruktion nachgegangen werden.

Daraus ergeben sich folgende zentrale forschungsleitende Fragestellungen:

- Welche Veränderungen hat die österreichische Neutralität seit 1955 erfahren? Welche Phasen lassen sich feststellen?
- Welche Veränderungen der internationalen Rahmenbedingungen beeinflußten die österreichische Neutralität?

- Welche Vor- bzw. Nachteile erwuchsen Österreich aufgrund seines neutralen Status?
- Wie stellt sich die derzeitige Situation im Kontext der Europäischen Union dar?
- Welche Vor- und Nachteile sind bei einem Festhalten an der Neutralität zu erwarten, welche bei einer Aufgabe?
- Welche Interessen stehen hinter den Positionen der politischen Parteien und der relevanten Interessengruppen?
- Welchen Einfluß üben die Massen-Medien auf die öffentliche Meinungsbildung im Hinblick auf Neutralität aus?
- Welche Veränderungen haben sich in der Wahrnehmung der Bevölkerung ergeben? Was sind die Gründe dafür?
- Welchen Anteil hat die Neutralität an der österreichischen Identität? Welche qualitativen und quantitativen Veränderungen lassen sich im Zeitverlauf feststellen?

2 Neutralität von Staaten

2.1 Terminologien, Begriffsbestimmung

Der Ursprung des Begriffs „Neutralität" ist lateinisch: „ne uter" bedeutet „keiner von beiden".

Neutralität eines Staates bedeutet seine Nichtbeteiligung an kriegerischen Auseinandersetzungen. Es wäre deshalb wichtig, vorweg zu klären, welche Arten von gewaltsamer Konfliktaustragung als kriegerisch anzusehen sind. Es gibt jedoch keine völkerrechtlich verbindliche Definition von „Krieg". In den relevanten völkerrechtlichen Dokumenten wie den Haager Abkommen von 1907, der Völkerbundsatzung von 1919, dem Briand-Kellog-Pakt von 1928 und der Genfer Konvention von 1949 wird der Begriff „Krieg" verwendet, ohne ihn zu definieren oder wenigstens mit wesentlichen Kriterien zu umschreiben. Auch in der UNO-Charta wird in den relevanten Artikeln der Begriff „Krieg" nicht verwendet; es wird lediglich von Gewaltanwendung (Art.2 Nr. 4) und bewaffnetem Angriff (Art. 51) gesprochen.

Seit Ende des 20. Jahrhunderts sind Staaten zunehmend in militärische Kampfhandlungen verwickelt, ohne sich in einem erklärten oder definierten „Kriegszustand“ zu befinden. Grenzüberschreitende Bürgerkriege mit teilweise internationaler direkter oder indirekter Beteiligung haben größtenteils klassische zwischenstaatliche Kriege abgelöst.[1] Daraus entstand die völkerrechtliche Diskussion, ob der Kriegsbegriff nicht durch den Begriff „bewaffneter Konflikt“ ersetzt werden sollte. Dennoch ist der Begriff des Krieges in rechtlicher Hinsicht für den Eintritt der Neutralität von Drittstaaten nicht überflüssig geworden. Es wird daher zwischen zwei für die Neutralität von Staaten rechtserheblichen Begriffen unterschieden: Krieg im rechtlichen Sinn und der „Status mixtus“.[2]

Als Oberbegriff für einen mit Waffengewalt ausgetragenen Konflikt im rechtlichen Sinn als auch im Sinne eines status mixtus, kann der Begriff „internationaler bewaffneter Konflikt“ herangezogen werden.[3]

Grundsätzlich erschwert jedoch die Entwicklung zu nicht mehr als Krieg definierten internationalen bewaffneten Konfliktaustragungen[4] die Definition des Neutralitätsfalles.

2.2 Formen der Neutralität

2.2.1 Die gewöhnliche Neutralität

Die gewöhnliche Neutralität eines Staates gilt nur für einen konkreten internationalen Konflikt und hat keine Wirkungen für die Zukunft. Die Rechtsstellung eines gewöhnlich Neutralen leitet sich aus dem V. Haa-

---

[1] Siehe dazu die jährliche Herausgabe des Konfliktbarometers des Heidelberger Instituts für internationale Konfliktforschung unter http://www.hiik.de.

[2] Siehe dazu Pieper, Ulrike: Neutralität von Staaten, Frankfurt 1997, 3ff

[3] Pieper, Ulrike: Neutralität von Staaten, Frankfurt 1997, 11

[4] So bestritten z.B. im Falklandkonflikt sowohl Argentinien als auch Großbritannien trotz militärischer Kampfmaßnahmen das Bestehen eines Kriegszustandes.

ger Abkommen von 1907 betreffend die Rechte und Pflichten der neutralen Mächte und Personen im Falle eines Landkrieges sowie aus dem XIII. Haager Abkommen von 1907 betreffend die Rechte und Pflichten der Neutralen im Falle eines Seekrieges ab. Ein wichtiger allgemeiner Grundsatz ist die Pflicht zu unparteiischem Verhalten. Um die Unparteilichkeit zu gewährleisten, hat der neutrale Staat seine Neutralität vor Verletzungen durch die Konfliktparteien zu verteidigen.

Die gewöhnliche Neutralität endet mit der Bekanntgabe der Beendigung des internationalen Konflikts.

2.2.2 Die dauernde Neutralität

Die dauernde Neutralität eines Staates kann entweder durch einen Vertrag oder durch eine einseitige Willenskundgebung, die von zumindest einem anderen Staat anerkannt werden muß, begründet werden, da dauernde Neutralität auf einem Gegenseitigkeitsverhältnis beruht. Entscheidend ist dabei die ausdrückliche oder konkludente Anerkennung – stillschweigende Zustimmung ist zuwenig –, da sich dadurch der anerkennende Staat den gesamten Regeln der dauernden Neutralität unterwirft und auch seinerseits daraus entstehende Pflichten übernimmt. Qualifiziertes Schweigen („acquiescence“) auf eine einseitige Neutralitätserklärung zieht keinerlei Verpflichtungen nach sich.[5]

Pflichten des dauernd Neutralen

Im Unterschied zur gewöhnlichen Neutralität muß sich ein dauernd Neutraler in jedem Falle von allen – auch zukünftigen – Konflikten fernhalten. Die wesentlichste Pflicht des dauernd Neutralen ist es, weder in einem Krieg im rechtlichen Sinn noch bei einem status mixtus an Kampfhandlungen teilzunehmen.

Eine weitere Pflicht besteht in der Vollziehung der dauernden Neutralität. Dazu gehört die Verteidigung der Neutralität und der Unabhängigkeit. Diese Verpflichtungen können nur erfüllt werden, wenn

---

[5] Siehe dazu Pieper, Ulrike: Neutralität von Staaten, Frankfurt 1997, 89ff

bereits in Friedenszeiten alle Handlungen unterlassen werden, die den Neutralen in einen Krieg verwickeln könnten. D.h. es wird vom dauernd Neutralen ein Verhalten erwartet, das ihm im Kriegsfalle die Einhaltung der Neutralität möglich macht. Für die Außenpolitik bedeutet dies, Bindungen zu vermeiden, die den dauernd Neutralen in einen Konflikt verwickeln könnten, für die Sicherheits- und Verteidigungspolitikpolitik heißt dies ein Verbot einer Teilnahme an offensiven und defensiven Militärbündnissen mit Beistandsklauseln, Verbot militärischer Stützpunkte für andere Staaten auf seinem Territorium sowie von Durchmarsch- und Überflugsrechten. Der dauernd Neutrale muß seine Wirtschaftspolitik bereits in Friedenszeiten so gestalten, daß seine Unabhängigkeit nicht durch vertragliche Vereinbarungen gefährdet oder die Aufrüstung bestimmter Staaten unterstützt wird.

Neutralität und Souveränität

Unter Souveränität werden die Unabhängigkeit eines Staates nach außen und seine Selbstregierung nach innen verstanden. Im Falle einer dauernden Neutralität könnte die Unabhängigkeit durch die erwähnten Pflichten in Friedenszeiten zumindest als teilweise aufgehoben angesehen werden, da sie die Handlungsfreiheit des dauernd Neutralen einschränken. Solange jedoch die Handlungsfähigkeit gewährleistet ist, erscheint die Souveränität als nicht angetastet.

Bewaffnete Neutralität

Zur Verteidigung seiner Neutralität und seiner Unabhängigkeit ist der dauernd Neutrale – zumindest gewohnheitsrechtlich in Europa – zu entsprechender militärischer Landesverteidigung verpflichtet. Wenn eine Verteidigung mit eigenen Mitteln nicht möglich ist, kann der dauernd Neutrale Staaten, mit welchen die Neutralität vereinbart wurde oder die den Status anerkannt haben, durch einseitige Beistandspakte (ohne Reziprozitätswirkung) zu Hilfeleistungen heranziehen.

Rechte des dauernd Neutralen

Dem dauernd Neutralen obliegen nicht nur besondere Pflichten, es stehen ihm, wie bereits oben erwähnt, darüber hinaus auch zusätzliche gewohnheitsrechtliche[6] Rechte seitens der Staaten zu, die den Status der dauernden Neutralität anerkannt haben: *„So dürfen die Neutralitätspolitik des dauernd neutralen Staates sowie die Einhaltung des Neutralitätsrechts nicht erschwert werden. Die dauernde Neutralität setzt eine besondere Rücksichtnahme der Staatengemeinschaft voraus, die durch das normale Friedensvölkerrecht nicht gewährleistet ist"*.[7]

Beendigung der dauernden Neutralität

Die dauernde Neutralität kann entsprechend ihrer Entstehung beendet werden. Zur Beendigung einer vertraglich begründeten Neutralität sind dabei die Bestimmungen des Wiener Übereinkommens über das Recht der Verträge (WVK) vom Mai 1969 anzuwenden. Insbesondere sieht die WVK bei einer Vertragsbeendigung durch Einvernehmen zwischen allen Vertragspartnern eine vorhergehende Konsultation der anderen Vertragspartner sowie eine schriftliche Notifikation in Schriftform vor. Die Einspruchsfrist beträgt mindestens 3 Monate und die Beendigung ist zu beurkunden.

Auch die durch Promesse und Anerkennung begründete dauernde Neutralität wird beendet, wenn die am Rechtsverhältnis beteiligten Staaten nicht widersprechen. Die Vorbehalte durch acquiescence treffen hier nicht zu, weil bei der Beendigung der Neutralität keine Verpflichtungen für die anderen Staaten entstehen. Im Hinblick jedoch auf den völkerrechtlichen Vertrauensschutz, demzufolge Staaten an die Erwartungen gebunden sind, die sie durch ihr Verhalten bei anderen Völkerrechtssubjekten erwecken, wird von VölkerrechtlerInnen

---

[6] Nach Art. 38 Abs. 1 lit. b des IGH-Status ist das internationale Gewohnheitsrecht Ausdruck einer allgemeinen, als Recht anerkannten Übung. Dauernde Neutralität kann demnach auch als Teil der Völkerrechtsordnung angesehen werden, die von allen Staaten respektiert werden muß. So wird z.B. die Neutralität der Schweiz von etlichen VölkerrechtlerInnen als eine gewohnheitsrechtliche angesehen.

[7] Pieper, Ulrike: Neutralität von Staaten, Frankfurt 1997, 89

darauf hingewiesen, daß der Entschluß zur Beendigung der dauernden Neutralität in Friedenszeiten so frühzeitig bekannt gegeben werden muß, daß *„das Moment der Überraschung und die damit zusammenhängenden Gefahren und Nachteile ausgeschlossen werden.“*[8]

2.2.3 Neutralisation

In der Literatur existieren verschiedene Definitionen von Neutralisation. In der Mehrzahl wird jedoch unter Neutralisation die unfreiwillige Auferlegung des (dauernden) Neutralitätsstatus verstanden. Kennzeichnend ist hier demnach die Unfreiwilligkeit des betroffenen Staates, die auch gleichzeitig eine Einschränkung seiner Souveränität bedeutet. Die Pflichten und Rechte des neutralisierten Staates entsprechen denen eines freiwillig dauernd Neutralen.

2.2.4 Faktische Neutralität

Ein faktisch neutraler Staat verfolgt eine neutrale Außenpolitik, deren Neutralität keinem rechtlichen Vertragsverhältnis unterliegt. Der faktische Neutrale kann daher jederzeit seine Position aufgeben. Wesentlichstes Kriterium stellt die durch sein außenpolitisches Verhalten erzeugte Glaubwürdigkeit dar. Diese Außenpolitik entspricht im wesentlichen der eines dauernd Neutralen, wird aber von den anderen Staaten ständig überprüft und bewertet. Erklärt er sich in einem internationalen Konflikt für neutral, gelten die Rechte und Pflichten der gewöhnlichen Neutralität.

2.2.5 Blockfreiheit (Non-alignment)

Die Blockfreiheit entwickelte sich aus der Konfrontation zwischen den USA und der Sowjetunion und verstand sich als politisches Prinzip und nicht als völkerrechtliches Instrument. Vor allem die nach

---

[8] Haug, Hans: Neutralität und Völkergemeinschaft. Zürich/St. Gallen 1962, 44; zitiert nach Pieper, Ulrike: Neutralität von Staaten, Frankfurt 1997, 105

dem zweiten Weltkrieg unabhängig gewordenen Staaten sahen durch die Blockkonfrontation ihre neue Freiheit bedroht.

Die fünf „Prinzipien der friedlichen Koexistenz“ sahen daher vor:

- eine unabhängige, auf Nichtpaktgebundenheit basierende Politik;
- die Unterstützung nationaler Befreiungsbewegungen;
- kein Beitritt zu multilateralen, bilateralen und regionalen Militärbündnissen, die im Kontext des Konflikts zwischen den USA und der Sowjetunion geschlossen wurden;
- das Verbot fremder Militärstützpunkte, die im Zusammenhang mit der Blockkonfrontation standen.

Die Politik der Blockfreien richtete sich stark nach ihren jeweiligen Interessen und war demnach keineswegs unparteiisch. Gemäß der Auffassung der überwiegenden Mehrzahl ihrer Mitglieder, daß Blockfreiheit aktives Handeln bedeute, behielten sie sich – im Unterschied zur faktischen Neutralität – das Recht auf Kriegsführung vor.

2.2.6 Neutralismus

Neutralismus wird im allgemeinen als Spielart der Blockfreiheit verstanden, die sich vor allem durch ihre äquidistante und im allgemeinen passive Haltung und von jener der Blockfreien unterscheidet.

2.3 Die Entwicklung der Neutralität in der Staatenwelt[9]

2.3.1 Von ihrer Entstehung bis Ende des 19. Jahrhunderts

Da der Status der Neutralität immer auf einen meist gewaltsam ausgetragenen Konflikt bezogen ist, ist Neutralität so alt wie Krieg.

---

[9] Siehe dazu vor allem Pieper, Ulrike: Neutralität von Staaten, Frankfurt 1997, 120ff sowie Gehler, Michael: Finis Neutralität? Historische und politische Aspekte im europäischen Vergleich: Irland, Finnland, Schweden, Schweiz und Österreich. ZEI Discussion Paper C92. Bonn 2001

Für die griechische Antike wird der Gedanke einer unparteiischen Nichtteilnahme am Kriegsgeschehen von Thukydides und Xenophon dokumentiert, jedoch lediglich als Haltung aus den jeweiligen politischen Umständen heraus und nicht als anerkanntes Rechtsinstrument. Insbesondere das Recht zum Durchzug von Truppen galt als unbestreitbar.

Dies traf insbesondere auch für das Römische Reich zu, das Neutralität nicht duldete. Wer nicht für Rom ist, ist gegen Rom, hieß die simple Formel, die im Laufe der Geschichte bis in die Gegenwart immer wieder Verwendung fand. Charakteristisch für diese Haltung kann die Rede des Aristainos angesehen werden, in der er einen Mittelweg nicht als den sichersten, sondern als überhaupt keinen Weg bezeichnete.[10] Dennoch versuchten vor allem Staaten, die ihre Unabhängigkeit gegenüber dem Römischen Reich zu behaupten suchten, sich von Konflikten fernzuhalten. Am Imperium Romanum wurde erstmals deutlich, je mehr ein Herrschaftskomplex expandierte und sich als Großmacht etablierte, desto geringer war die Wertschätzung für Neutralität.

Bis zum späten Mittelalter hemmte die „bellum iustum"-Lehre, die Lehre vom „gerechten Krieg", von Augustinus und Thomas von Aquin die Ausbildung von Neutralität als Rechtsbegriff. Wurde Krieg unter spezifischen Bedingungen als „gerecht" angesehen, so wurde Nichtbeteiligung als Pflichtverletzung und Neutralität als „unsolidarisch" gebrandmarkt.

Zusätzlich führten Missionsdrang und Bekehrungszwang zur Diskreditierung der Neutralität. Mit der Festlegung von Verhaltensmaßregeln in den Kreuzzügen wurde die Nichtbeteiligung am Heiligen Krieg als verwerflich, als sündhaft gebrandmarkt.

„Folgende Faktoren begünstigten die Reetabilitierung der Neutralität in der frühen Neuzeit: Wachsende Zweifel an der Lehre vom 'gerechten' Krieg, die Konsolidierung des Staatensystems, die Fortentwicklung des Souveränitätsprinzips – auch kleinerer Staaten – und die Aufrechterhaltung gewonnener wirtschaftlicher und handelspoliti-

---

[10] Siehe dazu Pieper, Ulrike: Neutralität von Staaten, Frankfurt 1997, FN 15, 122

scher Positionen, so daß Neutralität im 16. und 17. Jh. als Völkerrechtsinstitut anerkannt wurde.“[11]

Seit Beginn des 15. Jahrhunderts fand der Begriff „Neutralität“ im Landkrieg Verwendung, wenn auch neben Ausdrücken wie „medii in bello“ und „Stillesitzen“. Im spätmittelalterlichen Latein bedeutete „neutralitas“ keiner von beiden Seiten anzugehören.

Eines der ersten Dokumente, in denen das Wort „Neutralität“ schriftlich nachgewiesen wurde, ist das Edikt des Königs von Frankreich vom 25. Mai 1408[12], in dem er Neutralität im Streit zwischen den Päpsten von Rom und Avignon proklamierte. Ein weiteres Beispiel stellt das 1491 abgegebene Versprechen der Stände von Lüttich, sich im drohenden habsburgisch-französischen Konflikt neutral verhalten zu wollen. *„Teilweise wird die Neutralität Lüttichs als Vorstufe einer dauernden Neutralität angesehen, weil Karl VIII. die Neutralität 'jetzt und in Zukunft' anerkennen wollte.“*[13]

Die ersten Autoren, die sich mit Neutralität – allerdings als politischem Konzept – befaßten, waren Niccolò Machiavelli, Jean Bodin und Johann Wilhelm Neumair von Ramsala. Machiavelli interpretierte Neutralität machtpolitisch und empfahl, der „Fürst“ solle nicht neutral bleiben, sondern sich für den einen oder gegen den anderen entscheiden. Nur unentschlossene Fürsten würden im Konfliktfall den Weg der Neutralität einschlagen, an der sie letztlich aber zugrunde gingen.

Im Gegensatz dazu plädierte Jean Bodin für Neutralität, die für ihn vor allem eine friedensstiftende Funktion besitzt, die den Vermittlern zu Ruhm und Ehre gereichen würde. Jedoch komme Neutralität nur für solche Fürsten in Betracht, die mächtiger und angesehener seien als die anderen.

---

[11] Gehler, Michael: Finis Neutralität? Historische und politische Aspekte im europäischen Vergleich: Irland, Finnland, Schweden, Schweiz und Österreich. ZEI Discussion Paper C92. Bonn 2001, 6

[12] Siehe dazu Pieper, Ulrike: Neutralität von Staaten, Frankfurt 1997, 126

[13] ebd., 126

Neumair unterschied drei Gruppen von Fürsten: eine Gruppe unterstützt eine Kriegspartei, eine andere Gruppe mischt sich nicht ein und bleibt „stille sitzen", die dritte Gruppe ist unentschlossen, ob sie parteiisch oder neutral sein soll. Neumair folgte zwar grundsätzlich der negativen Bewertung Machiavellis von Neutralität, einen Vorteil der Neutralität sah er allerdings darin, daß der Neutrale sich nicht vor der Feindschaft einer Kriegspartei fürchten müsse.

Hugo Grotius, zwar noch dem „bellum iustum" verhaftet, gilt dennoch als Vordenker des Rechtsbegriffs „Neutralität", auch wenn er der Neutralität in seinem „de iure belli ac pacis" (1625) nur ein Kapitel widmete und anstelle von „neutral" den Begriff „medius" („in der Mitte stehend, „unparteiisch") verwendete. Grotius versuchte, den Gedanken der Neutralität mit der Lehre vom gerechten Krieg in Einklang zu bringen, wobei ihm dabei die Widersprüchlichkeit deutlich wurde: Prinzipiell sei es die Pflicht der „Neutralen", nicht zur Stärkung einer ungerechten Sache beizutragen. Wenn die Frage der Rechtmäßigkeit nicht festgestellt werden könne, sei Gleichbehandlung aller Konfliktparteien notwendig. Damit war der Weg für einen anderen Denkansatz geebnet.

Der Westfälische Friede von 1648 leitete die Epoche des klassischen Völkerrechts ein, das durch das neue Prinzip der staatlichen Souveränität geprägt wurde. Aufgrund der souveränen Stellung der Fürsten und der Staaten galt das ius ad bellum, das Recht auf Kriegsführung, aber damit auch das Recht, sich aus einem Konflikt herauszuhalten.

„Als ‚Pionier der Neutralität' wird Bynkershoerk bezeichnet. Es behandelte die Neutralität losgelöst vom Gedanken des gerechten Krieges in seinem 1737 erschienen Werk ‘Quaestionum juris publici'."[14] Die Neutralen – „non hostes" – gehörten zu keiner kämpfenden Partei, enthielten sich jeglicher Einmischung und schuldeten auch keine Dienste aufgrund von vertraglichen Verpflichtungen. Die bei Grotius noch relevante Frage nach Rechtmäßigkeit, betreffe – laut Bynkershoerk – nicht das Verhalten der „non hostes", da sie keine Richter seien. Die klare Unterscheidung und die Forderung nach völliger Ab-

[14] ebd., 134

stinenz vom Krieg wurden erst durch eine Distanzierung von der bellum-iustum – Lehre möglich.

Ende des 17. Jahrhunderts wurde zwischen neutralitas absoluta und neutralitas restricta unterschieden, im 18. Jahrhundert kristallisierte sich „Unparteilichkeit" heraus, die über bloße Nichtteilnahme am Krieg hinausging. Ausgehend davon erfolgte eine Differenzierung zwischen vollkommener (totale Enthaltsamkeit) und unvollkommener Neutralität (Hilfeleistung, die beiden Seiten in gleichem Ausmaß zuteil wird). Im 18. Jahrhundert hatte sie sich als Völkerrechtsinstitut durchgesetzt. Bei Ausbruch kriegerischer Handlungen wurde es üblich, formelle Neutralitätserklärungen zu erlassen.

Zwei Beispiele – eines aus dem amerikanischen Bürgerkrieg und ein weiteres aus den Koalitionskriegen zwischen Frankreich und Großbritannien15 – belegen erste Versuche einer bewaffneten Neutralität durch einen Zusammenschluß gleichgesinnter Staaten, die ihre Rechte gegenüber den Kriegführenden mit Nachdruck durchzusetzen suchten. Das Scheitern der beiden Neutralitätsbündnisse liegt in wechselhaften politischen Interessen und mangelndem Vertrauen der Bündnispartner untereinander begründet. Dennoch beeinflußten ihre Grundsätze die weitere Entwicklung der Neutralität, die aufgrund des Mächtegleichgewichts und des geringen Ausmaßes interner wie externer Gefährdungen im 19. Jahrhundert in Europa eine Blütezeit erlebte.

Als allgemeine Grundsätze hatten sich herausgebildet: Unparteilichkeit (Verbot der Unterstützung sowie Pflicht zur Gleichbehandlung aller kriegführenden Staaten, keine Bevorzugung oder Benachteiligung beim Erlaß von Exportkontrollen), Achtung der Souveränität und Unabhängigkeit sowie Respektierung der Unverletzlichkeit der territorialen Integrität.

Zwar kam es in den Napoleonischen Kriegen zu einer Mißachtung des Instituts der Neutralität, doch die Erklärung von US-Präsident George Washington zur Neutralität Amerikas im europäischen Krieg vom 22. April 1793 verhalf der Neutralität wieder zu stärkerem Ansehen. Auf-

[15] ebd., 149ff

grund eines mit Frankreich geschlossenen Vertrages sowie wegen der innenpolitischen Schwäche der USA wurde jedoch das Wort „Neutralität" nicht erwähnt. In der Proklamation heißt es: *„...and the duty and interest of the United States require, that they should with sincerity and good faith adopt and pursue a conduct friendly and impartial toward the belligerent Powers."*[16]

Es wurde Gewohnheitsrecht, daß Neutrale ihren Rechtsstatus zu Kriegs- und Friedenszeiten behalten, aber auch die Rechte der kriegführenden Parteien nicht behindern sollten, woraus sich die „wohlwollende Neutralität" ableitete. Damit war sogar eine einseitige Unterstützung einer Kriegspartei bei Bewahrung der Neutralität möglich, wobei umstritten blieb, ob dies neutralitätskonform sei oder nicht.

Die „gewöhnliche" Neutralität entwickelte sich im 19. Jahrhundert also weiter, dennoch ist *„...im Kontext relativierter Neutralitätsauffassungen auch von qualifizierter, differentieller, flexibler, diskriminierender, differenzierender, limitierter, relativer oder Demi-Neutralität die Rede gewesen."*[17]

1853 brach der Krimkrieg zwischen Rußland auf der einen und der Türkei, Großbritannien, Frankreich und Sardinien auf der anderen Seite aus. Die am Konflikt unbeteiligten Staaten, v.a. die skandinavischen, waren an einer Aufrechterhaltung des Handels interessiert. Da Großbritannien und Frankreich an einer „wohlwollenden" Neutralität dieser Staaten gelegen war, stellten sie – entgegen ihrer bisherigen politischen Praxis – Regeln für die Schiffahrt auf, die auf der Pariser Friedenskonferenz (1856) zur Beendigung des Krimkrieges in der Seerechtsdeklaration vom 16. April 1856 in Vertragsform eingekleidet wurden und die somit eine erste multilaterale Kodifikation des Neutralitätsrechts darstellten.

---

[16] Deák, Francis; Jessup, Philip C.: A collection of neutrality laws, regulations and treaties of various countries, Bd. II, 1939, 1172f, zitiert nach Pieper, Ulrike: Neutralität von Staaten, Frankfurt 1997, 156

[17] Siehe dazu Gehler, Michael: Finis Neutralität? Historische und politische Aspekte im europäischen Vergleich: Irland, Finnland, Schweden, Schweiz und Österreich. ZEI Discussion Paper C92. Bonn 2001, 8

Zwischen Großbritannien und den USA wurde 1871 ein Schiedsvertrag geschlossen, der auch das Verhalten Neutraler im Seekrieg regelte.

Der entscheidende Durchbruch erfolgte aber erst Anfang des 20. Jahrhunderts durch das V. und XIII. Haager Übereinkommen vom 18. Oktober 1907 bezüglich der Rechte und Pflichten neutraler Mächte und Personen im Falle des Land- und Seekriegs.[18] Beide Abkommen nahmen bereits bestehende gewohnheitsrechtliche Regelungen, zwischenstaatliche und multilaterale Verträge auf, insbesondere den Grundsatz der Unverletzlichkeit des neutralen Gebietes, aber auch neue Bestimmungen fanden Eingang.

Als besondere Ausformung entwickelte sich im 19. Jahrhundert die dauernde Neutralität, daneben die auferlegte oder aufgezwungene Neutralisation. Beide Formen der Neutralität verpflichteten dazu, in allen künftigen Kriegen neutral zu sein, jedoch wurden sie nicht allgemein vertraglich fixiert.

Neben Malta (1801/02) kam es im 19. Jahrhundert zu vertraglichen Festlegungen dauernder Neutralität im Falle der Schweiz (1815), des Kongo-Staates (1885), und Honduras 1907) bzw. von Neutralisationen der Republik Krakau (1815), Belgiens (1839), Luxemburgs (1867), der Samoa-Inseln (1889) und Honduras (1907).

2.3.2 Neutralität im 20. und 21. Jahrhundert

Im 20. Jahrhundert ist ein äußerst wechselhafter Verlauf von Praxis und Bewertung der Neutralität festzustellen: In der ersten Hälfte trugen verschiedene Faktoren zu ihrer Infragestellung, Gefährdung, Abwertung und Ablehnung bei. Aufgrund der Erfahrungen der beiden Weltkriege bildete sich die Idee der kollektiven Sicherheit heraus – zunächst durch den Völkerbund (1919), dann mit den Vereinten Nationen (1945). Die Völkerbundsatzung enthielt weder ein allgemeines Kriegsverbot noch einen Hinweis auf Neutralität. „*Gleichwohl befanden sich die Mitgliedstaaten in einer Konfliktsituation zwischen Neutralität und Völkerbund.*

[18] Siehe dazu http://fletcher.tufts.edu/multi/texts/BH037.txt, 24.08.2004

Es war nämlich mit den Solidaritätspflichten (..) kaum vereinbar, daß ein Mitglied der Empfehlung des Völkerbundrates zur Abwehr eines Friedensbrechers nicht folgte."[19] Mit dem Abschluß des Briand-Kellogg-Paktes vom 27. August 1928 gelang die Ausweitung des partiellen Kriegsverbotes der Völkerbundsatzung zu einem generellen völkerrechtlichen Verbot des Krieges als Werkzeug nationaler Politik. „*The High Contracting Parties solemly declare in the names of their respective peoples that they condemn recourse to war for the solution of international controversies, and renounce it, as an instrument of national policy in their relations with one another.*"[20]

Über die weitere Existenzberechtigung von Neutralität kam es in der Folge zu verschiedenen Auffassungen. Letztlich anerkannte dann aber der Völkerbund den Fortbestand der Neutralität – im Gegensatz zu den USA: Präsident Woodrow Wilson hatte bereits 1917 klargemacht, daß „neutrality" nicht mehr „feasible or desirable" sei, obwohl sich die Vereinigten Staaten zu Beginn des ersten Weltkriegs selbst zu einer Politik der Neutralität entschlossen hatten. „*Diese Auffassung resultierte aus universalistischem und welthegemonialem Denken der US-amerikanischen 'open door' – bzw. der späteren 'one world policy', die alternative und damit abweichende Vorstellungen nicht duldeten. Weltmachtpolitik und Dominanzstreben vertrugen sich mit Neutralität nur schwer.*"[21]

Daß die „bellum iustum"-Lehre angesichts des Aufkommens autoritärer und totalitärer Herrschaftsformen (Faschismus, Nationalsozialismus, Stalinismus) wieder Auftrieb erhielt, ist kaum verwunderlich. So meinte etwa Carl Schmitt 1938 – kein grundsätzlicher Gegner der Neutralität –, daß die gegenwärtige Lage durch die Vorbereitung des „gerechten" und „totalen Krieges" Neutralität unmöglich mache.[22]

---

[19] Pieper, Ulrike: Neutralität von Staaten, Frankfurt 1997, 199

[20] http://www.yale.edu/lawweb/avalon/imt/kbpact.htm, download 24.08.2004

[21] Gehler, Michael: Finis Neutralität? Historische und politische Aspekte im europäischen Vergleich: Irland, Finnland, Schweden, Schweiz und Österreich. ZEI Discussion Paper C92. Bonn 2001, 9f

[22] ebd., FN 23, 10

In beiden Weltkriegen wurde in vielen Fällen augenscheinlich, daß der Status der Neutralität keinen wirksamen Schutz darstellte, was aber nicht auf die Neutralität selbst, sondern auf das Versagen des internationalen Staatensystems bzw. ihrer Anerkennung zurückzuführen ist. Neutralität wurde nur insoweit beachtet, als sie den politischen Interessen und den strategischen Planungen der kriegführenden Staaten entsprach. Neutrale wurden in der Regel Opfer des Expansionsstrebens von Groß- und Supermächten. Entweder wurden sie okkupiert bzw. annektiert oder sie mußten beträchtliche Zugeständnisse an die Aggressoren machen. Umgekehrt sind aber auch Fälle einer Abkehr von vorher deklarierter strikter Unparteilichkeit zu registrieren.

Von den im 19. Jahrhundert konstituierten dauernden Neutralen konnte nur die Schweiz ihre Neutralität bewahren. Lediglich Island (1918), der Vatikan (1929), Österreich (26. Oktober 1955) und Laos (1962) konnten sich nach den Weltkriegen als neutrale Staaten etablierten.

Die großen Erwartungen bei der Gründung der Vereinten Nationen 1945 in ein zukünftiges friedvolles internationales System ließ Neutralität als überflüssig erscheinen, was sich jedoch durch die Entstehung des Ost-West-Gegensatzes rasch wieder ändern sollte. Der Kalte Krieg schuf zunächst ein massives Glaubwürdigkeitsproblem für die Neutralen oder solche Staaten, die neutral werden wollten (Finnland und Österreich). Der amerikanische Außenminister John Foster Dulles diskreditierte Neutralität als „Sündenfall" und „unmoralisch", eine Formel die später auch der erste EWG-Kommissionspräsident Walter Hallstein in der Frage der geplanten EWG-Assoziierungen der Neutralen verwendete.

Die Entwicklung des internationalen politischen Systems ab Mitte der 50er Jahre führte zu einem gewissen Balancezustand, der Neutralitätspolitik zwischen den sogenannten Blöcken wieder zuließ. Auch die USA änderten ihre strikt ablehnende Haltung, sodaß auch schließlich die Neutralität Österreichs möglich wurde. *„Staaten, die sich weder der einen noch der anderen Seite gänzlich verschreiben wollten, entdeckten im Kalten Krieg Nischen und neue Handlungsspielräume. Je mehr sich der Ost-West-Gegensatz verfestigte, desto mehr gewann Neutralität an Berechtigung und Legitimation. Zu Be-*

obachtern, Vermittlern und 'peace keepers' avancierten gerade solche Staaten, die nicht zu den Parteien des Kalten Krieges zählten."[23]

Neutrale und paktungebundene Staaten nutzten die Vereinten Nationen in zunehmendem Maße als Kooperationsforum und unterstützten neue Instrumente der Friedenserhaltung wie die friedenserhaltenden Operationen. Drei UN-Generalsekretäre kamen aus neutralen bzw. blockfreien Ländern: der Schwede Dag Hammarskjöld, der Burmese U Thant und der Österreicher Kurt Waldheim.

In dieser Periode veränderte sich, nicht zuletzt wegen des Beitritts der selbständig gewordenen ehemaligen Kolonien, auch das Profil der Vereinten Nationen von einer stark pro-amerikanischen zu einer ausgleichenden, mehr die Bedürfnisse der Entwicklungsländer wahrnehmenden Institution. Dies erzeugte wiederum neues Mißtrauen gegenüber den Blockfreien und Neutralen.

2.3.3 Die Haltung der USA und der Sowjetunion gegenüber den Neutralen

Generell läßt sich feststellen, daß die Haltung der Super- und Großmächte gegenüber den Neutralen stets von Ambivalenzen geprägt war. Die Neutralen wurden geringgeschätzt, beeinflußt, manipuliert und instrumentalisiert.

Neben ideologisch begründeter Ablehnung gab es aber auch Billigung und sogar pragmatische Kooperationen entweder zur Eindämmung einer sowjetisch-kommunistischen Penetration oder zur sukzessiven Einbindung in die westliche, US-amerikanische Interessenssphäre.

Vor allem die de-facto-Kooperation Irlands, der Schweiz oder Schwedens mit NS-Deutschland im Zweiten Weltkrieg bildeten Anlaß von Kritik an und Ablehnung der Neutralität vor allem durch Großbritannien und den USA. Später wurden die Neutralen als kritische Zonen bzw. militärische Hindernisse im US-dominierten Einflußbereich in Europa interpretiert.

---

[23] ebd., 11f

Nach dem zweiten Weltkrieg war die Haltung der Sowjetunion gegenüber den Neutralen von starkem Mißtrauen geprägt: Sie galten als „Kollaborateure des Hitlerfaschismus", „Handlanger des Imperialismus"[24] etc. und wurden deshalb auch ideologisch dem gegnerischen Lager zugerechnet. Nach Stalins Tod änderte Moskau jedoch – für den Westen vollkommen überraschend – durch die Thematisierung einer Neutralität Österreichs und Finnlands diese Position, nachdem Anfang der 50er Jahre Versuche einer Neutralisierung Deutschlands gescheitert waren. Die Absicht der Sowjetunion hatte in einer Isolierung Westdeutschlands von dem westlich-amerikanischen Einflußbereich bestanden, was im Westen jedoch kategorisch abgelehnt wurde.

Neutralisierung und Neutralität wurden Mitte der fünfziger Jahre von der Sowjetunion einerseits als geopolitische Pufferzonen zum gegnerischen Westen gefördert und dienten andererseits als Demonstration der sowjetischen Dialog- und Entspannungsbereitschaft – allerdings mit kontraproduktivem Effekt: Der Westen lehnte eine europäische Friedensordnung auf dieser Basis kategorisch ab.

Die österreichische Neutralität lag im Interesse der Sowjetunion, nicht nur um die NATO-Verbindung zwischen der Bundesrepublik und Italien zu unterbrechen und einen weiteren Pufferstaat im Alpenraum zu schaffen, sondern auch um über einen Ausgangspunkt für die langfristig gewünschte Entmilitarisierung (Atomwaffen!) bzw. Neutralisierung Zentraleuropas zu verfügen. Der „Modellfall Österreich" mit seiner „immerwährenden" Neutralität diente als ein Instrument friedlicher Koexistenz- und Entspannungspolitik zur Überwindung von Konfrontationsstrukturen sowie zur Fragmentierung und Schwächung der NATO.

Der „Modellfall" Österreich wirkte jedoch vorbildhaft auf einige Verbündete Moskaus, v.a. auf Ungarn im Jahre 1956, das ebenfalls seine Neutralität erklärt hatte, was eine Destabilisierung des Einflußbereichs des Warschauer Paktes und somit eine Gefahrenquelle für die Sowjetunion bedeutet hätte.

---

[24] siehe dazu ebd., 13

Eine Aufwertung erfuhren die Neutralen in den 70er und 80er Jahren vor allem durch ihre Brückenfunktion zur Verbesserung der Wirtschafts- und Handelsbeziehungen zu den westlichen Marktwirtschaften und durch ihre Vermittlung zu einer Verständigungs- und Entspannungspolitik. „*Der Wandel von einer sicherheitspolitischen zu einer ökonomisch motivierten Interessenssicherung der Sowjetunion in der Gorbatschow-Ära mit dem Versuch einer schrittweisen Integration der UdSSR in die westliche Wirtschaftswelt ermöglichte eine neue Blüte der Neutralen. Sie dienten so als Mittler und Förderer des Transformationsprozesses.*“[25]

Mit Abklingen des Kalten Krieges sank das Interesse Rußlands an der österreichischen Neutralität. Rußland nahm den EG-Beitrittsantrag vom 17. Juli 1989 widerspruchslos zur Kenntnis, obwohl ein solcher von östlicher Seite jahrzehntelang als unvereinbar mit der Neutralität bezeichnet worden war.

2.3.4 Die Zeit nach 1989

Eine entscheidende Zäsur in der Entwicklung, aber auch in der Bewertung der Neutralität stellten die Veränderungen der geopolitischen und militärstrategischen Verhältnisse in Europa nach Ende des Kalten Krieges durch den Zusammenbruch der Sowjetunion und des Warschauer Paktes (ab 1989/90), die Vereinigung der beiden deutschen Staaten sowie die forcierte europäische Integration durch die Verträge von Maastricht (in Kraft 1993), Amsterdam (in Kraft 1999) und Nizza (in Kraft 2003) mit der Verwirklichung des Binnenmarkts, einer geplanten Gemeinsamen Außen- und Sicherheitspolitik (GASP) bzw. einer Gemeinsamen Europäischen Sicherheits- und Verteidigungspolitik (GESVP) und der Wirtschafts- und Währungsunion dar.

Die Auflösung des bipolaren antagonistischen Blocksystems wurde von Gegnern der Neutralität sehr rasch als entscheidender Grund für deren Obsoleszenz genannt.

---

[25] ebd., 15

Die Gefahr einer militärischen Konfrontation zwischen Ost und West ist nach 1989/90 nahezu auszuschließen, demgegenüber sind neben den bereits bestehenden neue Krisenherde in Mittelost- und Südosteuropa bis zum Nahen Osten und zur Golfregion aufgebrochen, die eine insgesamt wenig überschaubare Situation verdeutlichen.

Aufgrund des Verlustes des bislang gültigen Bedrohungsszenarios wurde *„in den 90er Jahren für den Kontinent gerade ein ‚eklatanter Funktionsverlust des Militärischen' konstatiert"*.[26] Die Folge waren Reduzierungen der Wehr- und Rüstungshaushalte in den meisten Staaten Europas. Die veränderten Perzeptionen von Bedrohungsszenarien führten zur Entwicklung neuer Wehrkonzepte, in denen Neutralität zunehmend als Hindernis betrachtet wurde. Nicht mehr der Krieg zwischen, sondern Krisenherde und gewaltsame Konfliktaustragung innerhalb von Staaten, z.B. die Bearbeitung ethnischer Konflikte oder die Terrorismus-Bekämpfung, bestimmten primär das Aufgabenfeld der modernen Sicherheitspolitik. Die veränderte Konfliktkonstellation führte zwar zur Auflösung des Warschauer Pakts am 1. April 1991, jedoch nicht, wie viele erwartet hatten, zur Auflösung der NATO. Das atlantische Bündnis definierte sich, nicht zuletzt auf Betreiben der USA, im Laufe der neunziger Jahre von einem primären Verteidigungsbündnis zu einem Instrument des politisch-militärischen Krisenmanagements um, das dadurch auch Einsätze außerhalb ihres eigenen Bündnisterritoriums vorsieht. *„Kritiker der ‚out-of-aera'-Einsätze sehen gerade darin eine immanente Gefahr, nämlich daß die Allianz im Zeichen einer Reimperialisierung zu einem Hilfsinstrument der Weltmacht- und Hegemonialpolitik der Vereinigten Staaten getarnt im Sinne einer ‚pax americana' deformiert würde; Kritiker an der NATO-Osterweiterung erkennen neu aufgerissene Gräben gegen den Osten, die Verletzung russischer Sicherheitsinteressen und somit eine Fortsetzung der Politik des Kalten Krieges."*[27]

Die als neue Bedrohungen wahrgenommen Risken wie internationaler Terrorismus, grenzüberschreitende, organisierte Kriminalität, Dro-

---

[26] ebd., 57

[27] ebd., 58

genhandel, illegale Wanderungsbewegungen und unkontrollierter Transfer von Massenvernichtungsmittel erscheinen allerdings zunehmend mit militärischen Mitteln – also auch durch die NATO – nicht wirklich zu bekämpfen und mehr ein Legitimationsmittel „der NATO neu" zu sein. Politische Probleme wie internationaler Terrorismus oder autoritäre Regime mit vermutetem Besitz von atomaren oder Massenvernichtungsmittel werden durch Bombenangriffe nicht gelöst wie die Beispiele von Afghanistan und dem Irak deutlich vor Augen geführt haben.

Ob diese veränderten Konstellationen die Aufgaben und Möglichkeiten neutraler Staaten obsolet gemacht haben oder sie zur Bearbeitung der neuen Konfliktkonstellationen mit nicht-militärischen Mitteln prädestiniert, wird wahrscheinlich von der innenpolitischen Entwicklung der USA, ihrem Verhältnis zur Europäischen Union bzw. von der Entwicklung der EU als „politischer Akteur" vor allem in ihrer Außen- und Sicherheits- und Verteidigungspolitik abhängen, wie auch bisher schon die Handlungsspielräume neutraler Staaten stark von äußeren Rahmenbedingungen, vor allem von der Entwicklung des internationalen Systems – allen voran durch die Super- und Großmächte – beeinflußt waren.

3 Österreichs immerwährende Neutralität

3.1 Die Entstehung der österreichischen Neutralität

Österreichs „immerwährende Neutralität", war Ergebnis einer Verwendungszusage, einer Promesse, der österreichischen Regierungsdelegation im Moskauer Memorandum vom 15. April 1955 und einer unilateralen Erklärung vom 26. Oktober des gleichen Jahres, die als Bundesverfassungsgesetz (BVG) verankert wurde. Sie basiert nicht auf einem völkerrechtlichen Vertrag, sondern auf einem innerstaatlich erlassenen Gesetz.[28] Völkerrechtliche Verankerung erfuhr sie durch

[28] Siehe „17 Neutralitätsgesetz: Bundesverfassungsgesetz vom 26. Oktober 1955, BGBl. Nr. 211, über die Neutralität Österreichs" im Anhang

dessen Notifikation, die mit der Bitte um Anerkennung verbunden war. Von 62 Staaten wurde diesem Ersuchen um Anerkennung entsprochen, Widerspruch wurde von keinem Staat erhoben. Die Erklärung der „immerwährenden Neutralität" war die Bedingung für den Abschluß des Staatsvertrages und für den Abzug aller alliierter Streitkräfte in Österreich. Der Zusammenhang zwischen Staatsvertrag und Neutralität ist somit ein historisch-politischer und kein rechtlicher.

Neutralität kann demnach nicht nur als politischer Preis, sondern auch als Mittel zum Zweck, die Unabhängigkeit zu erlangen und zu erhalten gesehen werden, stellt jedoch auch gleichzeitig eine Einschränkung der Souveränität, der staatlichen Handlungsfreiheit dar. Gehler betont darüber hinaus am Beispiel Österreichs eine *„nachweisbar demilitarisierende bzw. okkupationsdiminuierende Funktion"*[29] von Neutralität.

Der im Moskauer Memorandum verankerte Passus einer Neutralität „wie sie von der Schweiz geübt wird" war weniger als eine völkerrechtliche Spezifikation, sondern als Konsens-Formel gedacht, um eine Zustimmung der westlichen Alliierten zu dieser von der Sowjetunion vorgeschlagenen Formulierung zu bekommen.

Bundeskanzler Raab betonte in seiner Rede vor dem Nationalrat am 26. Oktober 1955[30] den militärischen Charakter der Neutralität sowie, daß die Neutralität keine ideologische sei und den Staat, nicht den einzelnen Staatsbürger verpflichte. Ideologisch und auch in der ökonomischen Ausrichtung hat sich Österreich immer als dem Westen zugehörig betrachtet.

Österreich hat nicht nur seine Neutralität immer als eine militärische definiert, sondern sich auch das Recht vorbehalten, seine Neutralitätspolitik selbstständig festzulegen.

---

[29] Gehler, Michael: Finis Neutralität? Historische und politische Aspekte im europäischen Vergleich: Irland, Finnland, Schweden, Schweiz und Österreich. ZEI Discussion Paper C92. Bonn 2001, 25

[30] Stenographische Protokolle des Nationalrats, VII Gesetzgebungsperiode, 80. Sitzung, 26. Oktober 1955.

Als Indizien einer eigenständigen und sich vom Schweizer Modell emanzipierenden Neutralitätspolitik sind die Beitritte Österreichs zu den Vereinten Nationen 1955, den die Schweiz erst 2002 vollzog und zum Europarat 1956 (die Schweiz 1963) zu werten. *„Was die UNO-Mitgliedschaft betrifft, so wurde ihre neutralitätsrechtliche Zulässigkeit in der österreichischen außenpolitischen Praxis von Anfang an betont, aber immer mit dem Standpunkt verknüpft, Österreich könne selbst durch Beschlüsse des UNO-Sicherheitsrats rechtswirksam nicht zu neutralitätswidrigen Maßnahmen verpflichtet werden bzw. die UNO habe es in der Hand, Österreich von der Beteiligung an solchen Maßnahmen auszunehmen.“*[31]

Eine erste Bewährungsprobe bestand die österreichische Neutralitätspolitik während der Ungarnaufstände und ihrer Niederschlagung durch die Rote Armee im Oktober und November 1956, während sie durch die Krise in der Tschechoslowakei 1968 aufgrund einer erklärten und innenpolitisch umstrittenen Nichteinmischungspolitik sowie ihrer bereits einsetzenden Profilierung als „aktive“ Neutralitätspolitik eine deutliche Aufwertung erlebte.

3.2 Die Integrationspolitik

Die flexiblere Haltung der österreichischen Bundesregierungen in der Auslegung und Handhabung der Neutralität als die der Schweiz manifestierte sich auch und vor allem in der Außenwirtschafts- bzw. Integrationspolitik: Trotz neutralitätspolitischer Vorbehalte versuchte Österreich sein Verhältnis zur EWG zu überdenken und – falls möglich – auch zu intensivieren. 1956 erwogen einzelne Regierungsmitglieder sogar öffentlich die Mitgliedschaft in der supranationalen EGKS. Eine EWG-Mitgliedschaft kam für Österreich trotz zeitweiliger interner Überlegungen nicht in Frage. Daher plädierte Österreich 1960 aus pragmatischen Gründen für die EFTA. Die Mitgliedschaft in

---

[31] Griller, Stefan:. Die GASP und das Ende der immerwährenden Neutralität, in: Waldemar Hummer (Hrsg.). Rechtsfragen in der Anwendung des Amsterdamer Vertrags, Wien 2001, 264

der kleinen Freihandelszone wurde von Außenminister Bruno Kreisky als einzige Möglichkeit gesehen, sowohl die „immerwährende Neutralität" als auch die „treaty making power" beizubehalten. Dennoch versuchte Österreich in den 60er Jahren zunächst durch multilaterales Vorgehen gemeinsam mit der Schweiz und Schweden und schließlich alleine eine bilaterale EWG-Assoziierung. Das Experiment des „Alleingangs" Österreichs scheiterte nach acht Verhandlungsrunden mit der EWG/EG 1967 nicht nur aufgrund der Veto-Politik der UdSSR, sondern auch infolge des italienischen Einspruchs wegen der Südtirol-Frage, vor allem aber wegen der ablehnenden Haltung Frankreichs – dem einzigen EWG-Staat, der gleichzeitig Signatarmacht des Staatsvertrags war. Österreichs Ambitionen gingen erst Anfang der siebziger Jahre ansatzweise in Erfüllung: 10 Jahre nach de Gaulles historischem Veto trat ein Freihandelsarrangement zwischen Österreich und der EWG und der EGKS in Kraft.

3.3 Die österreichische Außenpolitik als politische Dimension der Neutralität

Vorrangiges Ziel der österreichischen Außenpolitik nach Beendigung des zweiten Weltkriegs war die Wiedererlangung der staatlichen Unabhängigkeit. Im Staatsvertrag sowie im Bundesverfassungsgesetz über die immerwährende Neutralität Österreichs werden die „dauernde Behauptung der Unabhängigkeit nach außen", die „Unverletzlichkeit des Gebietes" sowie eine „demokratische Staatsform" – und damit die Zugehörigkeit zu den damaligen rechtsstaatlichen Demokratien Westeuropas – als Staatsziele und Grundlagen der österreichischen Außenpolitik festgelegt.

Die Außenpolitik Österreichs war somit aufgrund der besonderen Entstehungsgeschichte der zweiten Republik rechtlich von vornherein stärker determiniert, als es die Außenpolitik von Staaten im allgemeinen ist. Dazu kam noch die faktische Abhängigkeit als Kleinstaat in einer spezifischen geopolitischen Lage vom äußeren Umfeld und den jeweiligen Machtkonstellationen. Daher entwickelte sich die Außenpolitik Österreichs nach 1955 als flexible Kleinstaaten-Außenpolitik.[32] Kleinstaatliche Außenpolitik im europäischen Kontext bedeutete eine Konzentration der außenpolitischen Ressourcen und Energien auf Politikbereiche, die für kleine und kleinere Staaten besonders wichtig bzw. auch besonders imagefördernd sind, die Bereitschaft zur Koordination der eigenen Außenpolitik mit Staaten ähnlicher oder komplementärer Interessenslagen und vor allem eine Schwerpunktsetzung auf multilaterale Außenpolitik, insbesondere im Kontext der Vereinten Nationen. Dies ermöglichte es Kleinstaaten in der internationalen Politik nicht nur als passives, sondern auch als mitgestaltendes Element aufzutreten.

Die österreichische Außenpolitik der zweiten Republik läßt sich in deutlich von einander abgrenzbare Phasen unterscheiden:[33]

3.3.1 Die Phase von 1955 bis 1966

Die erste Phase 1955 bis 1966 war durch das spezielle Verhältnis zu den Signatarmächten des Staatsvertrages gekennzeichnet, durch das Bemühen um eine Reintegration Österreichs in das internationale System, um Sicherung und Wahrung der Eigenstaatlichkeit und Souveränität sowie um Herstellung freundschaftlicher Beziehungen zu den östlichen Nachbarstaaten. Letztere durch Besuchsdiplomatie durchgeführte Normalisierungspolitik bezog sich nicht nur auf Staaten mit einer gemeinsamen Grenze, sondern schloß alle Staaten des Donauraums ein, allerdings mit unterschiedlichen Erfolgen. So besuchte Kreisky als zweiter westlicher Außenminister Polen (März 1960), als erster Rumänien (Juli 1963), Ungarn (Oktober 1964) und Bulgarien (Juli 1965). Diese „Normalisierungspolitik“, die auch für die Bundesrepublik Deutschland beispielgebend war, wurde auch während der ÖVP-Alleinregierung von 1966 bis 1970 fortgesetzt. Die Außenpolitik von Bundeskanzler Julius Raab (1953-1961) und Außenminister

[32] Siehe dazu v.a. die spezifischen Beiträge im Band von Otmar Höll (Ed.): Small States in Europe and Dependence (The Laxenburg Papers 6), Wien 1983

[33] Siehe dazu Kramer, Helmut: Außenpolitik in: Dachs, Herbert et al. (Hrsg.): Handbuch des österreichischen politischen Systems, Wien 1997, 714-813.

Bruno Kreisky (1959-1966) war, wie Kreisky einmal pointiert definierte, darauf ausgerichtet, *„beim Westen – sprich Amerika – ein Höchstmaß an Vertrauen und beim Osten – also in Rußland – ein Minimum an Mißtrauen (zu) schaffen.“*[34]

Als Instrumentarium zur Reintegration in das internationale Staatensystem wurde bald nach Abschluß des Staatsvertrags die multilaterale Diplomatie durch Beitritte zu Internationalen Organisationen forciert. So trat Österreich 1955 den Vereinten Nationen und 1956 dem Europarat und der Europäischen Menschenrechtskonvention (EMRK) bei.

Neutralitätsrechtliche bzw. -politische Bedenken hinsichtlich der Teilnahme am kollektiven Sicherheitssystem der Vereinten Nationen wurden von Österreich von Anfang an mit dem Hinweis entkräftet, Österreich könne selbst durch Beschlüsse der UNO-Sicherheitsrats rechtswirksam nicht zu neutralitätswidrigen Maßnahmen verpflichtet werden bzw. die UNO habe es in der Hand, Österreich von der Beteiligung an solchen Maßnahmen auszunehmen.

Innenpolitisch herrschte in der Zeit der SPÖ-ÖVP-Koalition sowohl über die Zielsetzungen als auch über die Durchführung der österreichischen Außenpolitik Einvernehmen zwischen den beiden Koalitionspartnern.

Zweifellos stellte in dieser Phase die Neutralität eine wichtige, wenn nicht die wichtigste Komponente in der Gestaltung der österreichischen Außenbeziehungen dar, zumindest im Bereich der offiziellen Rhetorik. Ermacora bezeichnete die seit 1955 von Österreich geführte Außenpolitik sogar als „Neutralitätspolitik“, was auf einen in diesem Zeitraum synonymen Gebrauch hinweist: *„Sie (*die Außenpolitik, Anm.d.V.*) ist, sieht man von der Politik Österreichs in den Vereinten Nationen ab, eine auf das Verhältnis zur UdSSR und in dessen Verlauf auch auf das Verhältnis zu den anderen Signatarmächten des Staatsvertrages besonders bezogene und deren Interessenlage einkalkulierende Außenpolitik. Um diesen immanent gedachten und voraus-*

[34] Basta, Oktober 1984, 40, zitiert nach Kramer, Helmut: Österreichische Außenpolitik im Projekt Europa, in: Reffet, Michel (Hrsg.), L'Autriche et l'idee d'Europe, Dijon 1997, 398

gesetzten juristischen Kernbestand der immerwährenden Neutralität hat sich eine Reihe politischer Maximen der österreichischen Außenpolitik gruppiert, die in ihrer Gesamtheit als Neutralitätspolitik angesprochen werden können ...Durch die Art und Weise österreichischer Neutralitätspolitik soll im internationalen Bereich Vertrauen geschaffen werden – das ist ein Stück österreichischer Staatsethik."[35]

3.3.2 Die Phase von 1966 bis 1970

In der Phase der ÖVP-Alleinregierung begann sich der parteipolitische Konsens in außenpolitischen Grundsatzfragen teilweise aufzulösen. Vor allem die Diskussion über die Annäherung Österreichs an die EG war damals, wie auch Ende der 80er und Anfang der 90er Jahre, von unterschiedlichen Auffassungen geprägt. Bestehende Meinungsunterschiede wurden jedoch nicht in der Öffentlichkeit ausgetragen. Die Glaubwürdigkeit der Neutralitäts- und Außenpolitik sollte dadurch gewährleistet werden, daß darüber nicht in der Öffentlichkeit diskutiert wurde. Mit dieser Grundeinstellung wurde verhindert, daß die Außenpolitik in Österreich kontinuierlich zu einem Medien- und Gesprächsthema wurde.

3.3.3 Die Phase von 1970 bis 1983, „Die Ära Kreisky"[36]

Das Jahr 1970 stellte – sicherlich nicht zufällig mit der Übernahme der Alleinregierung durch die SPÖ unter Bundeskanzler Kreisky zusammenfallend – eine Zäsur in der Gestaltung der österreichischen Außenpolitik dar: Bereits wenige Tage nach der Amtsübernahme von Generalsekretär Kurt Waldheim bewarb sich Österreich um einen nichtständigen Sitz im Sicherheitsrat der Vereinten Nationen, der das aktive Engagement Österreichs in der Weltpolitik und dabei vor allem im Nord-Süd-Dialog unterstützen sollte.

---

[35] Ermacora, Felix: 20 Jahre österreichische Neutralität, Frankfurt 1975, 19f

[36] Siehe dazu Michal, Silvia: Die österreichische UNO-Politik in den siebziger Jahren. Diss., Wien 1985

Diese innenpolitisch stark umstrittene Entscheidung signalisierte den Beginn der sich nun als „aktive Neutralitätspolitik" verstehenden Außenpolitik Österreichs.

Diese Phase war gekennzeichnet durch eine Fortführung und Dynamisierung der „Normalisierungspolitik" mit den östlichen Nachbarländern, die Kreisky schon als Außenminister in den 60er Jahren eingeleitet hatte. So reiste 1978 Kreisky als erster Regierungschef eines westlichen Staates zu einem offiziellen Staatsbesuch in die DDR. Diese Ostorientierung in der Außenpolitik kam auch unter anderem in einem Memorandum zur Unterstützung des von der Sowjetunion vorgelegten Projektes einer Konferenz für Sicherheit und Zusammenarbeit in Europa (KSZE) zum Ausdruck.

In weiterer Folge trug Österreich gemeinsam mit den anderen europäischen Neutralen, vor allem Finnland, maßgeblich zur Verabschiedung der Schlussakte im August 1975 in Helsinki bei, in der – unter anderem – auch das „Recht auf Neutralität" verankert wurde.

In der „Ära Kreisky" erfolgte durch eine verstärkte Hinwendung zu den Staaten der Dritten Welt eine Ausweitung bzw. Globalisierung der Außenpolitik: das Netz der diplomatischen Vertretungen wurde erheblich erweitert, Kontakte va. zu den afrikanischen, meist jüngst entkolonialisierten Ländern, hergestellt und intensiviert, ein Konzept eines „Marshall-Plans für die Dritte Welt" entwickelt. Österreich nahm darüber hinaus ab 1970 bei den Blockfreien-Konferenzen einen Gaststatus in Anspruch, einen Status, der maßgeblich auf Initiative Österreichs erst geschaffen wurde.

Die wichtigste Ebene der Außenpolitik Österreichs war in dieser Phase jene der multilateralen Diplomatie. Als Kleinstaat, der aufgrund seiner völkerrechtlichen und sicherheitspolitischen Position an einer Entwicklung zu mehr Sicherheit und Demokratie in der Weltgesellschaft in besonderem Maße interessiert sein mußte, dessen bilaterale Ressourcen jedoch eingeschränkt waren, baute Österreich seine Präsenz in internationalen Organisationen, insbesondere in den Vereinten Nationen aus.

Aktives Engagement in den Vereinten Nationen und in anderen internationalen Organisationen ermöglicht und erweitert die Mitwirkungsmöglichkeiten kleiner Staaten in der internationalen Politik, kann so die Abhängigkeit von den Großstaaten abschwächen und die internationale Akzeptanz und das internationale Profil stärken. Ähnlich wie die anderen europäischen Neutralen war Österreich deshalb bestrebt, aktiv in internationalen Organisationen, insbesondere in den Vereinten Nationen, mitzuarbeiten, durch außenpolitische Initiativen zum Abbau der Spannungen im internationalen System beizutragen, „gute Dienste" für die internationale Staatengemeinschaft als Stätte internationaler Begegnungen, durch Konferenzdiplomatie und die Beherbergung internationaler Organisationen zur Verfügung zu stellen.

Als Ausdruck dieser Strategie kann der Ausbau Wiens zum dritten UN-Sitz gesehen werden, der auch ein Konzept der Verbesserung der Sicherheit Österreichs darstellten sollte. Dies kommt etwa in einem Interview Bruno Kreiskys aus dem Jahre 1979 zum Ausdruck, in dem er erklärte, daß „*... internationale Organisationen, die sich in Österreich niederlassen auch aus einer sicherheitspolitischen Perspektive wichtig sind. Sie sind genau so bedeutend wie große Waffenlager, die ja zumeist nicht benützt werden.*"[37]

Diese deutliche Zurückstellung der militärischen Komponente der österreichischen Neutralität, fand auch in der Regierungserklärung Bruno Kreiskys vom 5. November 1971 ihren Ausdruck: „*Hohes Haus! Es ist keineswegs meine Absicht, die Bedeutung der Landesverteidigung zu verringern, wenn ich namens der Bundesregierung die Feststellung mache, daß unsere Neutralität und Sicherheit in Friedenszeiten am besten durch eine erfolgreiche Außenpolitik gewährleistet werden kann.*"[38]

---

[37] Financial Times 21.08.1979, zitiert nach Kramer, Helmut: Außenpolitik, in: Dachs, Herbert et al. (Hrsg.): Handbuch des österreichischen politischen Systems, Wien 1997, 400

[38] Österreichische Zeitschrift für Außenpolitik 1971, zitiert nach Kicker, Renate: Die Außenpolitik Österreichs in der Zweiten Republik, http://www.demokratiezentrum.org/pdfs/kicker.pdf, 7, 17.08.2004

Österreichs Neutralität sollte nach Kreiskys Vorstellungen nicht nur außenpolitisch militärisch, sondern auch „umfassend“, d.h. geistig und sozial verteidigt und nach außen als „aktive“ Neutralitätspolitik betrieben werden.

Die starke Präsenz vor allem in den Vereinten Nationen, aber auch die Etablierung weltweiter bilateraler Kontakte sowie im Rahmen der Blockfreien-Bewegung ist vor allem aber auch unter dem Aspekt der Durchsetzung österreichischer Eigeninteressen zu bewerten. Beispiele dieser Interessenpolitik waren die Unterstützung von Dritte-Welt-Staaten für die Etablierung Wiens als drittem UN-Standort, die Wahl Österreichs als nichtständigem Mitglied des Sicherheitsrates und die Kandidatur Waldheims als Generalsekretär.

Ein Ergebnis der multilateralen Außenpolitik Österreichs bestand auch in der Vermittlungstätigkeit im Nord-Süd-Dialog, etwa in der Vorbereitung der Nord-Süd-Gipfelkonferenz von Cancun durch Bruno Kreisky gemeinsam mit dem mexikanischen Präsidenten Portillo sowie der Vorsitz der Kambodscha-Konferenz durch Außenminister Pahr. Zusätzlich konnte Österreich in dieser Phase wichtige Gipfelgespräche und Konferenzen beherbergen, wie etwa das Treffen Ford-Breschnew, sowie die SALT-Gespräche.

Die gesamte UN-Politik, die engeren Kontakte der Bundesregierung zur Blockfreienbewegung, Kreisky's Konzept der umfassenden Landesverteidigung mit diplomatischen Mitteln, die Asylpolitik anläßlich der Vorgänge in der Tschechoslowakei und Polen sowie auch das Konzept, Wien durch den Bau einer UNO-City und eines Konferenzzentrums als dritte UNO-Stadt einzurichten und anzubieten, wurden von den damaligen Oppositionsparteien im Parlament, aber auch in der Öffentlichkeit und in den Medien heftig kritisiert. Das Vienna International Centre wurde gegen starken Widerstand der Bevölkerung gebaut, das 1982 von den Landeshauptleuten der ÖVP initiierte Volksbegehren gegen den Bau des Konferenzzentrums („Konferenzzentrum-Einsparungsgesetz“) war mit über 1,3 Millionen Unterschriften das bislang erfolgreichste aller bisher in Österreich durchgeführten Volksbegehren. Kreisky setzte sich jedoch in beiden Fällen durch, da er spekulierte, daß wegen des US-Widerstands gegen die

Vereinten Nationen, Wien die Generalversammlung beherbergen könnte, was sich jedoch als Fehlkalkulation erwies.

Die zunehmend lauter werdende Kritik an der österreichischen Außenpolitik bezog sich auch auf die von Bundeskanzler Kreisky ganz persönlich getragene Nahostpolitik, die er teils in seiner Funktion als österreichischer Bundeskanzler, teils als Vorsitzender der Sozialistischen Internationale, aber auch als Privatmann und Freund ausländischer Staatsoberhäupter und Persönlichkeiten führte. Die Anerkennung der Palästinensischen Befreiungsorganisation (PLO) als einzige Vertreterin des palästinensischen Volkes durch die österreichische Bundesregierung war zum damaligen Zeitpunkt sehr gewagt, zumal die PLO in weiten Kreisen als terroristische Bewegung galt. Im Sinne einer angestrebten Entspannung sollte das Signalisieren von Gesprächsbereitschaft die PLO weg von Kampfschauplätzen an den Verhandlungstisch bringen. Die Verleihung des Friedensnobelpreis an Jassir Arafat 1994 läßt die Haltung Österreichs 1980 durchaus als avantgardistisch beurteilen.

Die Bewertung und Einschätzung der österreichischen Außenpolitik in der Ära Kreisky ist demgemäß ambivalent und meist von parteipolitischen Präferenzen beeinflußt.

BefürworterInnen bezeichnen sie als „Erfolgsstory" und als weit über die tatsächliche Bedeutung Österreichs hinausgehend: *„Was die Effizienz der damaligen Außenpolitik (*in der Ära Kreisky, Anm.d.V.*) betrifft, so hat Österreich durch das persönliche Auftreten von Bundeskanzler Kreisky sicherlich eine über die nationale Größe und Bedeutung hinausgehende Rolle in der Weltpolitik gespielt und Beachtung genossen"*[39], verweisen aber auch gleichzeitig auf die weltpolitischen Rahmenbedingungen: *„Kleinstaatentheoretisch gesehen, befand sich Österreich im Kalten Krieg in einer free-rider-Position. Aufgrund einer günstigen weltpolitischen Position wurde die fehlende politische Macht in konkreten Fällen der zentralen Konfliktformationen (Ost-West-, Nord-Süd-, Nahost-Konflikt) durch eine Vielzahl von Hand-*

---

[39] Kicker, Renate: Die Außenpolitik Österreichs in der Zweiten Republik, 7. http://www.demokratiezentrum.org/pdfs/kicker.pdf, 8, 17.08.2004

lungsalternativen der Außenpolitik ersetzt.“[40] Selbst der Doyen unter den österreichischen VölkerrechtlerInnen, Karl Zemanek, der eher dem konservativen Lager zuzurechnen ist, bewertete 1984 die österreichische Außenpolitik der „Kreisky-Ära" überaus positiv: *„From this perspective, Austria's foreign policy record in the period from 1955 to the beginning of the 1980s, when the favourable international context for an active neutrality policy began to deteriorate and the 'windows of opportunity' started to close, can be seen as a process whereby a state originally in a situation of high external dependence and characterized by an uncertain international status transformed its position into that of an actor increasingly active in, and accepted by, the international community"*[41], weist aber ebenso wie andere AutorInnen auf die weltpolitischen Rahmenbedingungen hin.

Die Kritik an der Kreisky'schen Außenpolitik v.a. durch den außenpolitischen Redakteur der Presse Andreas Unterberger[42] sowie durch Andreas Khol[43] konstatierte bereits in den ausgehenden siebziger Jahren eine „Glorifizierung und Mystifizierung“ der österreichischen Neutralität sowie der Person Bruno Kreiskys, eine Kritik, die inhaltlich im Zuge der österreichischen Neutralitäts-Diskussion über einen allfälligen NATO-Beitritt mehr als zwanzig Jahre später wieder ins Treffen geführt wurde.

---

[40] Filzmaier, Peter: Außenpolitik und Neutralität. http://www.politische-bildung.at/content/download/1272/Skriptum%20IP%20Filzmaier%20Gewessler%20H%C3%B6ll%20Kapitel%206, 164, download 17.08.2004

[41] zitiert nach Kramer, Helmut: Austrian Foreign Policy from the State Treaty to European Union Membership (1955-95), in: Luther, Kurt Richard; Pulzer, Peter: Austria 1945-95, Fifty Years of the Second Republic, Aldershot/Brookfield/Singapore/Sydney 1998, 168

[42] siehe dazu Unterberger, Andreas: Die drei großen Mythen. Österreichische Außenpolitik 1970 bis 1980, in: Mock, Alois (Hrsg.), Durchbruch in die Moderne, Graz/Wien/Köln 1981, 141-209

[43] Siehe dazu Khol, Andreas: Außenpolitik zwischen Konflikt und Konsens.Versuch einer Bilanz 1975-1978, in: Khol, Andreas; Stirnemann, Alfred (Hrsg.): Jahrbuch für Politik, 1978, 161-198

Das Verhältnis zwischen den Großmächten USA und Sowjetunion blieb für die österreichische Außenpolitik nicht ohne Einfluß. So waren die USA – im Gegensatz zur Sowjetunion – nicht an Wien als Platz der Begegnung interessiert. Die Administrationen Nixon und Ford schätzten Österreichs aktive Rolle in der KSZE zwischen 1973 und 1975, während die Carter und Reagan Administrationen skeptisch gegenüber Kreiskys Nahostpolitik waren.[44] Carters Menschenrechtspolitik wiederum gefährdete Österreichs Rolle eines ständigen Treffpunktes zwischen West und Ost. Mitte der 70er Jahre bestanden zwischen den USA und Österreich trotz Meinungsverschiedenheiten in Sachen PLO beste bilaterale Kontakte. Die Zunahme der Ost-West-Spannungen Ende der 70er Jahre belasteten auch die Beziehungen Österreichs zu den beiden Großmächten: Mit der Sowjetunion wegen der österreichischen Unterstützung der Dissidentenbewegungen in Osteuropa, mit den USA wegen der österreichischen Asylpolitik.

Daher verlor die österreichische Außenpolitik der „Ära Kreisky" schon vor ihrer formalen Beendigung 1983 viel an ihren Gestaltungsmöglichkeiten.

3.3.4 Die Phase von 1983 bis 1990

Die Situation zunehmender Ost-West-Spannung aber auch der Bedeutungsverlust der Dritten Welt hatten eine signifikante Einschränkung der Möglichkeiten der europäischen Neutralen für Vermittlungsinitiativen und andere „gute Dienste" für die Staatengemeinschaft zur Folge.

Bereits in der Periode der SPÖ-FPÖ-Koalitionsregierung (1983-1986) begann sich eine wesentliche Veränderung der Schwerpunkte und Prioritäten der österreichischen Außenpolitik abzuzeichnen. Es erfolgte eine Umorientierung der österreichischen Außenpolitik auf eine Europa (EG)- und Nachbarschaftspolitik, sowie eine Neubetonung der

---

[44] siehe dazu Rathkolb, Oliver: International Perceptions of Austrian Neutrality, in: Bischof, Günter; Pelinka, Anton; Wodak, Ruth (Eds.), Neutrality in Austria. Contemporary Austrian Studies Vol. 9, New Brunswick/London 2001

militärischen Komponente der Neutralität. *„Die wachsende Zurückhaltung in Stellungnahmen und bei Initiativen in internationalen Fragen drückte sich in einer merklichen Abschwächung des globalen Profils Österreichs und in einem Rückgang der Präsenz Österreichs in den Vereinten Nationen aus.“*[45]

Diese „Wende“ in der Außenpolitik Österreichs[46] wurde dann mit der Bildung der SPÖ-ÖVP-Regierung Anfang 1987 und der Übernahme des Außenministeriums durch den Parteiobmann der ÖVP Alois Mock, der eine „realistische Neutralitätspolitik“ vertrat, weiter vorangetrieben und verstärkt: *„Realistisch heißt, Neutralitätspolitik nicht mit ständiger Einmischung in internationale Konflikte zu verwechseln“*[47], erklärte er als Oppositionsführer in seiner „Erklärung zur Lage der Nation“ bereits im Jänner 1984.

In der Regierungserklärung Vranitzky-Mock vom Jänner 1987 wurden unter dem Titel „Außenpolitik auf bewährten Grundlagen“ die Nachbarschaftspolitik, der Ausbau der Beziehungen zur EG, der Beitrag zur KSZE, Abrüstung und Entspannung in Europa sowie die Stärkung der Effizienz des Europarates als vorrangige Schwerpunkte genannt.

Es waren aber vor allem innergesellschaftliche Faktoren, die zu der signifikanten Umorientierung der österreichischen Außenpolitik in Richtung auf Europa und EG-Annäherung führten: Zu der sich 1983/84 abzeichnenden wirtschaftlichen Strukturkrise kam noch eine Image- und Identitätskrise.[48] Eine Serie von Skandalen (Weinskandal, Reder-Affäre, illegale Waffenexporte) und die internationalen Debatten um die Kriegsvergangenheit des im Juni 1986 zum Bundespräsidenten gewählten Kurt Waldheim lösten eine negative Berichterstattung im

---

[45] Kramer, Helmut: Außenpolitik, in: Dachs, Herbert et al. (Hrsg.): Handbuch des österreichischen politischen Systems, Wien 1997, 401

[46] siehe dazu Michal-Misak, Silvia: Die ‚Wende‘ im außenpolitischen Bericht 1987, in: International – Zeitschrift für internationale Politik, 2/1988, 9-11

[47] zitiert nach Kramer, Helmut: Österreichische Außenpolitik im Projekt Europa, in: Reffet, Michel (Hg.), L'Autriche et l'idee d'Europe, Dijon 1997, 341

[48] Kramer, Helmut: Außenpolitik, in: Dachs, Herbert et al. (Hrsg.): Handbuch des österreichischen politischen Systems, Wien 1997, 402

Ausland aus, die das Image Österreich schwer in Mitleidenschaft zog. *„Man meinte, vollwertiges, akzeptiertes, ja geliebtes Mitglied in der Gemeinschaft westeuropäischer Staaten zu sein. In der Folge des Präsidentschaftswahlkampfes – aber auch in der Folge verschiedener Skandale – erlebt man nun, daß man in demokratischen Staaten entweder auf entrüstete Ablehnung oder auf amüsiertes Erstaunen stößt. Umso nachdrücklicher will man sich und andere davon überzeugen, daß man wirklich in diese Familie der wohlhabenden, demokratischen Staaten einzuordnen ist, umso nachdrücklicher verlangt Österreich nach der Bestätigung einer westeuropäischen Identität."*[49]

Die Konsequenzen der „Waldheim-Affäre", vor allem die Verhängung des Einreiseverbots für den österreichischen Bundespräsidenten durch die USA, lösten eine ernste Beeinträchtigung und Blockierung der österreichischen Außenpolitik aus. Die Frage einer Mitgliedschaft bei den Europäischen Gemeinschaften bekam so bei den politischen und ökonomischen AkteurInnen in Österreich neben dem wirtschaftlichen Aspekt einen psychologisch und emotional bestimmten Gesichtspunkt des Selbstbewußtseins und der Identität. Mit dem Beitrittsantrag zur EG vom 17. Juli 1989 reagierte Österreich somit einerseits auf Fortschritte im Integrationsprozeß und versuchte dabei einen Ausschluß zu verhindern, andererseits stellte er einen Versuch der Normalisierung der Beziehungen und der Wiedereingliederung in das internationale System dar. Österreichs EG-Politik war bis 1985 vom Interesse an einer möglichst engen Partizipation an der europäischen Integration gekennzeichnet, die bis knapp an eine „Voll-Mitgliedschaft" bzw. eine „Quasi-Mitgliedschaft" heranreichen sollte. Die Regierung wollte von der EG zwar in größtmöglichem Ausmaß profitieren, ohne ihr jedoch beitreten. Diese Position war nicht nur innenpolitisch umstritten, sondern irritierte auch zunehmend die EG-Mitglieder. Angesichts des internationalen Imageverlusts mußte diese Position zugunsten eines Beitrittsantrags dann aufgegeben werden. Zusätzlich war mit Ende des Kalten Krieges (1989/90) und der Auflösung der Sowjetunion (1991) die

---

[49] Nowotny, Thomas: Österreich und die EG. Die politische Dimension, in: International – Zeitschrift für internationale Politik, Wien 1987, 23

Neutralität Österreichs hinsichtlich ihrer Sinnhaftigkeit immer stärker in Diskussion geraten. Daher bot sich erstmals die Chance zum Vollbeitritt ohne außenpolitische Risiken.

3.3.5 Österreichische Außenpolitik von 1989 bis 1995

Die mit dem Jahr 1989 eingesetzten weltpolitischen Umwälzungen schufen für die österreichische Außenpolitik wesentlich veränderte Rahmenbedingungen. Das Ende des Kalten Krieges, in dessen Kontext die österreichische Neutralität und die aktive Neutralitätspolitik entstanden waren, erweiterte den außenpolitischen Handlungsspielraum Österreichs.

Österreich, das in der Periode 1991/92 als nicht-ständiges Mitglied dem UN-Sicherheitsrat angehörte, beteiligte sich nicht nur an den Wirtschaftssanktionen der Vereinten Nationen gegen den Irak, sondern gewährte darüber hinaus im Golfkrieg der von den USA angeführten Kriegsallianz Überflugs- und Transitrechte für Kriegsmaterial. Gerechtfertigt wurde dies durch Mitglieder der österreichischen Bundesregierung und durch Parlamentsabgeordnete vor allem mit dem Hinweis darauf, daß die alliierten Aktionen durch einen Beschluß des Sicherheitsrats der Vereinten Nationen gemäß Kapitel VII der Satzung der Vereinten Nationen gedeckt seien. Bei solchen Maßnahmen der kollektiven Sicherheit handle es sich nicht um einen „Krieg" im Sinne des Völkerrechts, sondern um eine „Polizeiaktion". Daher komme das Neutralitätsrecht nicht zur Anwendung. Österreich sei jedenfalls als Mitglied der UNO dazu verpflichtet, verbindliche Beschlüsse des Sicherheitsrats zu befolgen. Ganz ähnlich wurde später beim Konflikt im ehemaligen Jugoslawien argumentiert. Dieser Vorrang des UN-Rechtes gegenüber dem Neutralitätsrecht bedeutete eine wesentliche Veränderung in der Interpretation der österreichischen Neutralität und kann als Übergang von einer „integralen“ zu einer „differentiellen“ Neutralitätsauffassung bezeichnet werden.[50]

Die Öffnung der osteuropäischen Staaten bot für Österreich, das aufgrund seiner geographischen Lage durch die Teilung Europas an den Rand der westlichen Welt gedrängt worden war, laut Bundespräsident Klestil *„eine historische Chance, wieder in die Mitte eines gemeinsamen Europas zu rücken“.*[51] Zumindest auf wirtschaftlichem Gebiet wurde diese Chance auch wahrgenommen: Als Folge der Öffnung Osteuropas nahm die Verflechtung der österreichischen Wirtschaft mit den osteuropäischen Reformstaaten in signifikanter Weise zu, was sich in den Wachstumsraten des österreichischen Exports in die Länder Ostmitteleuropas und in der sprunghaften Zunahme der österreichischen Direktinvestitionen vor allem in Ungarn, der Slowakei und in Slowenien niederschlug. Österreich beteiligte sich darüber hinaus in überproportionaler Weise an der wirtschaftlichen Hilfe der OECD für Osteuropa.

Im Bereich der Außen- und Sicherheitspolitik war es aber ab 1990/91 die Krise in Jugoslawien, die die Aufmerksamkeit der österreichischen Bundesregierung in besonderem Ausmaß in Anspruch nahm. Durch die Besetzung in Folge der Unabhängigkeitserklärungen Sloweniens und Kroatiens durch die Jugoslawische Volksarmee war es zum ersten Mal seit der Ungarnkrise im Jahre 1956 zu militärischen Kampfhandlungen an der österreichischen Grenze gekommen. Daher bemühte sich die österreichische Regierung, die Aufmerksamkeit der internationalen Staatengemeinschaft auf die Gefahren einer Destabilisierung in dieser Region zu lenken und Initiativen für Konfliktlösungs- und Schlichtungsverfahren zu präsentieren bzw. politisch zu unterstützen.

Außenminister Mock und führende VertreterInnen der ÖVP drängten auf eine möglichst rasche Anerkennung der Republiken Slowenien

---

[50] siehe dazu auch Rotter, Manfred: Von der integralen zur differentiellen Neutralität. Eine diskrete Metamorphose im Schatten des zweiten Golfkrieges, Europäische Rundschau, 19. Jg., Heft 3/1991, 23-36

[51] Zitiert nach Kramer, Helmut: Außenpolitik in: Dachs, Herbert et al. (Hrsg.): Handbuch des österreichischen politischen Systems, Wien 1997, 406

und Kroatien, was zu scharfen Protesten Belgrads, aber auch anderer westlicher Staaten – insbesondere Frankreichs und auch Rußlands führte. Auch in dieser Frage wurden die unterschiedlichen Positionen der Koalitionsparteien bei außen- und sicherheitspolitischen Belangen wieder deutlich. Schließlich konnten sich SPÖ und ÖVP doch auf eine gemeinsame Linie einigen und Österreich sprach dann am 15. Jänner 1992 – kurz nach der Anerkennung Kroatiens und Sloweniens durch die EG-Staaten – seinerseits die diplomatische Anerkennung der neuen Republiken aus.

3.3.6 Die Außenpolitik Österreichs als EU-Mitglied

Seit der Mitgliedschaft Österreichs in der EU hat sich die Reihenfolge der außenpolitischen Prioritäten noch einmal verändert, insofern als heute von einer nahezu ausschließlichen Schwerpunktsetzung auf die EU gesprochen werden kann. Diesem zentralen Ziel werden – sicherlich auch aufgrund fehlender Ressourcen – alle anderen Ziele nach- und untergeordnet. Dies trifft auf die verheißungsvoll in den 90er Jahren gestarteten Zentral- und Osteuropa-Initiativen genauso zu wie für die Beziehungen gegenüber den überseeischen Staaten, vor allem auch jenen der Dritten Welt. Durch die Mitgliedschaft in der Europäischen Union wurde der zu Beginn der neunziger Jahre für kurze Zeit gewonnene nationale außenpolitische Handlungsspielraum freiwillig durch die Teilnahme an der GASP der EU wiederum eingeschränkt, um gleichzeitig ungleich mehr außenpolitische Optionen, gegebenenfalls auch die Solidarität der anderen Mitglieder wahrnehmen zu können. Mit dem Beitritt zur EU ist ein großer Teil österreichischer Politikfelder, einschließlich der Außen- und Sicherheitspolitik, gleichsam zur „europäischen Innenpolitik" bzw. zu Akten der politischen Interessenwahrnehmung im Rahmen der EU-Institutionen mutiert. Die Außenpolitik auch gegenüber dem „Rest der Welt" wird in zunehmendem Ausmaß in Zusammenarbeit und Absprache mit den anderen EU-Mitgliedern im Rahmen der GASP besprochen und gestaltet.

Dennoch gibt es einige Bereiche für eine eigenständige Außenpolitik. *„Dazu zählen die Beziehungen zu den zentral- und osteuropäischen*

Nachbarstaaten, die noch zu einem guten Teil bilateral gestaltbar sind. Dazu zählt auch eine besonders verantwortliche Rolle auf dem Balkan, die auch von Österreich erwartet wird. Daneben wäre noch ein erheblicher Bereich an möglichen österreichischen Initiativen in internationalen Konflikten, im multilateralen Rahmen und in ‚globalen substantiellen Problembereichen', wie Stärkung des Völkerrechts, Umwelt- und Entwicklungspolitik, globale Sicherheit, Stärkung der Beziehungen zu den in Wien ansässigen internationalen Organisationen, etc. denkbar, was aber gegenwärtig politisch nicht realisierbar zu sein scheint."[52]

Neben den tatsächlich fehlenden Ressourcen, haben aber auch andere Gründe die Wahrnehmung von außen, die Sichtbarkeit und Wirksamkeit der österreichischen Außenpolitik geschwächt. Tiefgreifende parteipolitische Konflikte, die in ähnlicher Form auch noch zwischen Ministerien existieren, organisatorisch-institutionelle Mängel in den Administrationsstrukturen, fehlende und mangelhafte Kommunikation zwischen relevanten AkteurInnen, v.a. zwischen den politischen Eliten, aber auch zwischen der außenpolitischen Elite und der Bevölkerung erschweren eine konstruktive und vorhersehbare Außen- und Sicherheitspolitik.

Im Rahmen der Außenpolitik außerhalb der EU setzt sich Österreich u.a. für die Errichtung eines international betriebenen Frühwarnsystems zur Erkennung von Konflikten bzw. zu deren Prävention ein. Gemeinsam mit Kanada, Japan, Chile und anderen Staaten hat Österreich sich in den vergangenen Jahren für das im UN-Kontext diskutierte Konzept „Human Security" engagiert und arbeitet aktiv im „Human Security Network" mit. Zudem hat sich Österreich auch für die globale Beseitigung von Landminen sowie für die Ächtung bzw. das Verbot des illegalen Handels mit Kleinwaffen engagiert. Im Rahmen der Donauraum-Kooperation setzt es sich für verstärkte Kooperation der Länder dieses Raumes ein. Die österreichische Entwick-

---

[52] Höll, Otmar: Außen- und Sicherheitspolitik, in: Neisser, Heinrich; Puntscher Riekmann, Sonja (Hrsg.), Europäisierung der österreichischen Politik. Konsequenzen der EU-Mitgliedschaft, Wien 2002, 380

lungszusammenarbeit setzt schwerpunktmäßig auf die Förderung von Demokratie, Menschenrechte, Gleichberechtigung und Umweltschutz, läßt es aber gleichzeitig an den nötigen finanziellen Mitteln fehlen.

4 Die österreichische Sicherheitspolitik nach dem EU-Beitritt

Am 1.1.1995 wurde Österreich Beobachter bei der Westeuropäischen Union sowie beim im Dezember 1991 gegründeten NATO-Kooperationsrat (NACC), der 1997 durch den EAPC (Euro-Atlantic Partnership Council) ersetzt wurde, ein multilaterales Forum in welchem sich NATO und Partnerländer in politischen und Sicherheitsfragen abstimmen sowie ihre Zusammenarbeit intensivieren.

Am 10. Februar 1995 trat Österreich als 25. Staat dem NATO-Projekt „Partnerschaft für den Frieden" (PfP) bei. Dieses enthält keine Beistandsverpflichtung, schafft aber entsprechende individuelle Kooperationsmöglichkeiten mit der NATO. Als erste neutrale Staaten Europas waren bereits Finnland und Schweden am 9. Mai 1994 der PfP beigetreten, wobei beide skandinavischen Staaten die Fortführung ihrer militärischen Bündnisfreiheit und die Aufrechterhaltung einer unabhängigen Verteidigungspolitik betonten. Mit Ausnahme Irlands, der Schweiz, die sich dann 1996 anschloß, und Ex-Jugoslawiens ist damit das gesamte Europa an dieser institutionalisierten Form des Dialogs zwischen NATO-Staaten und „Friedenspartnern" beteiligt.

Im August 1996 nahmen 39 österreichische Berufssoldaten an dem Manöver „Cooperative Osprey 96" im Camp Lejeune (North Carolina-USA) mit anderen NATO-Partnerschaftsmitgliedern unter US-amerikanischem Oberkommando teil.[53]

Am 16.1.1997 unterzeichnete Vizekanzler Schüssel anläßlich des Besuches von NATO-Generalsekretär Solana in Wien ein NATO-Truppenstatut, Grundlage für den Aufenthalt ausländischer Truppen in Österreich und damit auch für Übungen der PfP-Mitglieder auf

---

[53] Die Presse vom 26.08.1996

österreichischem Boden. Zugleich erleichtert es die Teilnahme österreichischer Soldaten an PfP-Übungen im Ausland.[54]

Kritik von Seiten der NATO- bzw. von EU-Mitgliedsstaaten anläßlich des österreichischen Durchfuhr- und Überflugsverbotes während des Kosovo-Konflikts war Anlaß für die Bundesregierung, zwei Gesetze, das Truppenaufenthaltsgesetz (TraufG) sowie das Kriegsmaterialgesetz (KMG), einer Novellierung zu unterziehen.[55] Das am 12. Juni 2001 geänderte Kriegsmaterialgesetz sieht den Wegfall von Verfahrensschranken bei der Bewilligung von Kriegsmaterialtransporten – so entfällt z.B. die Anhörung des Bundeskanzlers – vor und schafft neue Tatbestände, die einen solchen Transport begründen können. Auch das gleichzeitig neu geschaffene Truppenaufenthaltsgesetz ermächtigt den/die Innen- und Außenminister/in dazu, beinahe nach Belieben den Aufenthalt ausländischer Truppen in Österreich zu gestatten.

Daher konnte das österreichische Bundesheer bereits im September 2001 am Truppenübungsplatz Seetaleralpe Truppen aus 20 Staaten, darunter aus Kanada, den USA, Italien, Griechenland und Polen zu einer gemeinsamen Übung „Cooperative best effort" „der Friedenssicherung" empfangen.[56]

Am 23.10.2001 verabschiedete der Nationalrat – nach einigen Kontroversen zwischen Regierung und Opposition – einstimmig die Einrichtung eines nationalen Sicherheitsrates.[57]

Der Sicherheitsrat wird für alle Bereiche des früheren Landesverteidigungsrates und für die Petersberger Aufgaben, also für Sicherheitsfragen, die im Rahmen der EU vorgesehen sind, zuständig sein. Weiters fallen Angelegenheiten des Kapitels VII der UNO-Satzung (Maßnahmen bei Bedrohung oder Bruch des Friedens und bei Angriffshandlungen) in den Zuständigkeitsbereich des Rates. Er soll die

---

[54] Der Standard vom 17.01.1997

[55] http://www.ris.bka.gv.at/bgblpdf/images2001/2001a57.pdf, 23.08.2004

[56] Die Presse vom 12.09.2001

[57] BGBl. I Nr. 122/2001, http://www.bundeskanzleramt.at/2004/4/4/bundesgesetz_nsr.pdf, 23.08.2004

Bundesregierung „in allen grundsätzlichen Angelegenheiten der Außen-, Sicherheits- und Verteidigungspolitik“ beraten und ersetzt damit die Räte für EU-Integrationsfragen, Landesverteidigung und auswärtige Angelegenheit. Eine Einigung war möglich geworden, nachdem die Bedingungen der Opposition weitgehend erfüllt wurden. Die SPÖ entsendet 4, die ÖVP und die FPÖ jeweils 3 und die Grünen 1 VertreterInnen in den Rat, Vorsitzender wird der Bundeskanzler sein – in diesem Punkt hat die SPÖ nachgegeben. Als Zugeständnis insbesondere an die Grünen wird neben dem Sicherheitsrat ein weiterer Rat für Integrations- und Außenpolitische Fragen bestehen bleiben, in dem der/die Außenminister/in den Vorsitz führen wird.

Unter der Bezeichnung „Strong Resolve“ fand vom 25. Februar bis 15. März 2002 in Polen und Norwegen das bislang größte Manöver im Rahmen der NATO-Partnerschaft für den Frieden (PfP) statt.[58] Das österreichische Bundesheer verlegte zu dieser Übung 510 Soldaten – es ist dies das größte Kontingent, das bisher zu einem Manöver ins Ausland entsandt wurde – sowie erstmals in der Geschichte des Bundesheeres auch Kampf- und Schützenpanzer.

Die neue Sicherheits- und Verteidigungsdoktrin[59]

Am 12. Dezember 2001 hat der österreichische Nationalrat mit den Stimmen der Regierungsmehrheit von FPÖ und ÖVP eine neue Sicherheits- und Verteidigungsdoktrin in Form eines Entschließungsantrages an die Bundesregierung beschlossen.

Der Erarbeitung der Sicherheitsdoktrin erfolgte auf der Grundlage eines Analyseberichts[60], den die Bundesregierung am 23. Jänner 2001 beschlossen hatte, der die Basis für Empfehlungen für die daraus abzuleitende Sicherheitsdoktrin darstellen sollte.

---

[58] http://www.bmlv.gv.at/archiv/a2002/akt_20020222_sr_verabschiedung.shtml, 23.08.2004

[59] http://www.bka.gv.at/2004/4/4/doktrin_d.pdf, 25.08.2004

[60] http://www.bka.gv.at/2004/4/4/sicherheit.pdf, 25.08.2004

Dieser Analyseteil war ohne Beiziehung von ExpertInnen der Opposition und offensichtlich ohne den betroffenen Ministerien erstellt worden.

Der Analyseteil wies nicht nur einen zu engen, überwiegend militärischen Analyserahmen auf, er war in seinem Inhalt dürftig und darüber hinaus in seiner Position deutlich parteiisch. Das gilt vor allem für die sehr einseitige Bewertung von Österreichs Neutralität. Bereits die Kapitelüberschrift 1.5. lautete „Neutralität versus Solidarität" ohne Fragezeichen. Das zeugt von einer präferenzierten Position, die in einem Analysebericht fehl am Platz ist. Der Anspruch nach Gleichgewichtung der politischen und der militärischen Aspekte ist in keiner Weise Rechnung getragen worden, wenn – nach quantitativen Kriterien – insgesamt weniger als fünf von 68 Seiten überhaupt Bezüge zum zivilen Krisenmanagement knüpfen.

Daher war es wenig überraschend, daß die Verhandlungen zur Erarbeitung der Empfehlungen für eine künftige Sicherheitspolitik stark von Kontroversen zwischen Regierung und Opposition gekennzeichnet waren.

Die Sicherheits- und Verteidigungsdoktrin geht einleitend von einem umfassenden Sicherheitsbegriff „Sicherheit in allen ihren Dimensionen" aus, dem der operative Teil dann nicht gerecht wird. Erklärungsbedürftig bleibt auch die Schlußfolgerung, daß viele Bereiche des Bundesheeres ausgebaut werden müssen wenn vorher festgestellt wird daß ein *„existenzbedrohender konventioneller militärischer Angriff gegen Österreich ... derzeit nicht abzusehen ist."*[61]

So überraschend klar die Diktion in Sachen Neutralität ist, wenn festgestellt wird, daß Österreichs Status nicht dem eines neutralen, sondern eines allianzfreien Staates entspricht, so vage bleiben die Vorstellungen über die künftige Sicherheitspolitik: *„Österreich verwirklicht seine Sicherheitspolitik heute im wesentlichen im Rahmen der EU"*, deren sicherheitspolitische Entwicklung für die Zukunft Europas ebenso wie die NATO als *„umfassende Sicherheitsgemeinschaft"*

---

[61] http://www.bka.gv.at/2004/4/4/doktrin_d.pdf, 25.08.2004

„von maßgeblicher Bedeutung" sein wird. Österreich befürwortet daher *„eine enge und vertrauensvolle Zusammenarbeit zwischen EU und NATO."*[62]

Insgesamt kann festgestellt werden, daß es nicht gelungen ist, mit der Sicherheits- und Verteidigungsdoktrin eine gemeinsame Grundlage für die österreichischen Außen- und Sicherheitspolitik zu schaffen.

5 Die innenpolitischen Positionen zur Neutralität im Kontext des EU-Beitritts

Die bis zum gegenwärtigen Zeitpunkt andauernde Debatte über eine Neudefinition der Neutralität begann bereits im Vorfeld der Bemühungen um einen Beitritt Österreichs zur EWG im März 1987. Ein von der Österreichischen Industriellenvereinigung in Auftrag gegebenes Gutachten der beiden Völkerrechtler Waldemar Hummer und Michael Schweitzer[63] erklärte einen allfälligen EWG-Beitritt mit der Neutralität grosso modo für vereinbar. *„Die Enttabuisierung des völkerrechtlich in alle Richtungen hin vormals verbindlichen Charakters der Neutralität erfolgte aus dieser Disziplin selbst heraus ... Die in weiterer Folge auftretende Vernutzung und Instrumentalisierung der völkerrechtlichen Lehre zur Legitimierung der behaupteten Vereinbarkeit von EU-Beitritt und Neutralität ist bereits hinreichend wissenschaftlich analysiert worden."*[64] Der daraus resultierende außen-(wirtschafts)-politische Prioritätskonflikt (EWG versus Neutralität) wandelte sich in den beiden darauffolgenden Jahrzehnten angesichts der Entwicklung in der EU in eine emotional geführte Kontroverse über künftige außen- und vor allem sicherheitspolitische Aspekte, die

[62] ebd.

[63] Hummer, Waldemar; Schweitzer, Michael: Österreich und die EWG. Neutralitätsrechtliche Beurteilungen der Möglichkeiten der Dynamisierung der Verhältnisse zur EWG, Wien 1987

[64] Schöfbänker, Georg: Neutralität – Quo vadis? Struktur eines außenpolitischen Prioritätenkonflikts. ÖSFK-Report 1, ÖSFK Stadtschlaining 1997, 9f

vornehmlich den innenpolitischen Profilierungs- und Machtkonflikten innerhalb der Parteien und Lobbys der politischen Eliten diente.

In den drei Ansuchen um Aufnahme als Vollmitglied in die Europäischen Gemeinschaften vom 17. Juli 1989 wird die Neutralität Österreichs noch als positiver Beitrag zur Friedenssicherung in Europa hervorgehoben und betont, daß Österreich an dieser immerwährenden Neutralität auch als vollintegriertes EG-Mitglied festhalten wolle. Diesen in der Öffentlichkeit als „Brief nach Brüssel“ bezeichneten Ansuchen war eine Parteienvereinbarung zwischen SPÖ und ÖVP vorausgegangen, in der sich beide Seiten verpflichteten *„dafür zu sorgen, daß die Integrationsziele auf allen Ebenen umgesetzt werden.“*[65] Von besonderer Bedeutung ist folgende Erklärung, die in dieser Vereinbarung enthalten ist: *„Die beiden Parteien betonen die Bedeutung der immerwährenden Neutralität Österreichs als einen lebendigen politischen Beitrag unseres Landes für Sicherheit, Stabilität und Zusammenarbeit in Europa. Für Österreich ist die Wahrung seiner immerwährenden Neutralität auch im Falle einer EG-Mitgliedschaft unabdingbar und muß daher in den Verhandlungen mit den Europäischen Gemeinschaften völkerrechtlich entsprechend abgesichert werden ... Der notwendige politische Handlungsspielraum muß gewahrt werden, damit Österreich als Mitglied der Europäischen Gemeinschaften seine auch im gesamteuropäischen Interesse liegende Neutralitätspolitik fortsetzen kann“*[66], heißt es abschließend zum Punkt „Immerwährende Neutralität“.

Der Völkerrechtler Hummer verweist in diesem Zusammenhang auf einen bemerkenswerten Widerspruch: *„Interessanterweise scheinen diese Neutralitätsvorbehalte im Aufnahmeverfahren zur EU gemäß Art. O EUV nicht mehr auf, obwohl sich die EU von den EG vor allem dadurch unterscheidet, daß sie auch den Charakter einer sicherheits- und verteidigungspolitischen Union anzunehmen versucht, sodaß*

---

[65] Parteienvereinbarung zwischen SPÖ und ÖVP zur weiteren Vorgangsweise in der Integrationspolitik vom 26.06.1989

[66] ebd., 5f

schon aus diesem Grund neutralitätsrechtliche und – politische Probleme vermutet werden könnten."[67]

Die von der EG von allen beitrittswilligen Staaten geforderte Erklärung einer vollständigen Teilnahme an der Gemeinsamen Außen- und Sicherheitspolitik wurde von der österreichischen Bundesregierung im Juni 1992 und vom Nationalrat im November 1992 – also noch vor Beginn der Beitrittsverhandlungen – zugesagt.

Am 1. Februar 1993 wurden die Beitrittsverhandlungen mit Österreich, Finnland und Schweden formell aufgenommen. Am 1. November des Jahres trat der „Vertrag über die Europäische Union" – besser bekannt als Maastricht-Vertrag – nach Ratifizierung durch sämtliche Mitgliedstaaten in Kraft, der eine Umgestaltung der reinen Wirtschaftsgemeinschaft EG in eine politische Union (EU) vorsah. Im April 1994 wurden die EG-Beitrittsverhandlungen mit Österreich formell abgeschlossen, bereits einen Monat später stimmten 378 von 517 Mitgliedern des Europäischen Parlaments für den Beitritt Österreichs zur Europäischen Union. Im Beitrittsvertrag vom 24. Juni 1994, der inhaltsgleich mit den 12 EU-Staaten und den übrigen Beitrittsbewerbern abgeschlossen wurde, findet sich keine die Neutralität betreffenden Sonderregelungen, jedoch gilt für die drei beigetretenen Staaten Finnland, Schweden und Österreich auf Grund einer in der Schlussakte zum Beitrittsvertrag enthaltenen Gemeinsamen Erklärung eine in einem wichtigen Punkt leicht modifizierte Rechtslage. Erklärung Nr. 1 zur Gemeinsamen Außen- und Sicherheitspolitik besagt unter anderem Folgendes: Die Union und die EFTA-Staaten kommen überein, daß die neuen Mitgliedstaaten ab dem Zeitpunkt ihres Beitritts bereit und fähig sein werden, sich in vollem Umfang und aktiv an der Gemeinsamen Außen- und Sicherheitspolitik, so wie sie im Vertrag über die Europäische Union definiert ist, zu beteiligen und daß die neuen Mitgliedstaaten mit dem Beitritt alle Ziele des Vertrags,

---

[67] Hummer, Waldemar: Völkerrechtliche Aspekte des österreichischen Beitritts zur EU: Das vorläufige Ende von 50 Jahren Integrationspolitik, in: Rothacher, Albrecht et al. (Hrsg.): Österreichs europäische Zukunft. Analysen und Perspektiven, Wien 1996, 14f

die Bestimmungen in Titel V des Vertrags und die ihm beigefügten Erklärungen vollständig und vorbehaltlos übernehmen werden.[68]

Nachdem der Nationalrat ein Bundesverfassungsgesetz über den Beitritt Österreichs zur EU beschlossen hatte, wurde die verfassungsrechtlich notwendige Volksabstimmung durchgeführt. In der der Volksabstimmung vorhergehenden Informations- und PR-Kampagne der österreichischen Bundesregierung, bei der erstmals modernste Werbemethoden zum Einsatz kamen, wurde die Vereinbarkeit von Neutralität und EG-Beitritt nahezu nicht thematisiert. In den wenigen offiziellen Stellungnahmen wurde der Bevölkerung jedoch versichert, Österreich gehe als neutrales Land in die EG, obwohl bereits zu diesem Zeitpunkt infolge des Maastrichter Vertrages von 1991 die Umwandlung der EG in eine Europäische Union mit einer gemeinsamen Außen- und Sicherheitspolitik beschlossen war. Die Kampagne verfehlte ihre Wirkung nicht: Am 12. Juni 1994 stimmten 66,58 % der ÖsterreicherInnen für den Beitritt. Der Beitritt zur EU zu Beginn des Jahres 1995 erfolgte somit auf der Grundlage der Auffassung, durch den EU-Beitritt ändere sich an der österreichischen Neutralität nichts.

6 Die verfassungsrechtliche Dimension der Neutralität

Diese Auffassung geriet jedoch einerseits durch die Weiterentwicklung der Europäischen Union durch den Vertrag von Amsterdam, andererseits durch die außenpolitische und legistische Praxis Österreichs ins Wanken.

Aus verfassungsrechtlicher Sicht sieht Öhlinger[69] den entscheidenden Schritt einer Abkehr von der österreichischen Neutralität bereits mit dem EU-Beitritt als vollzogen: Der Status Österreichs ließe sich seit-

---

68 http://europa.eu.int/eur-lex/de/treaties/dat/AU_FI_SV_accession.html#0009010007, 22.08.2004

69 Öhlinger, Theodor: Die Übernahme des Vertrages von Amsterdam sowie des Rechts der „Zweiten" und „Dritten Säule" in die österreichische Rechtsordnung, in: Waldemar Hummer (Hrsg.): Rechtsfragen in der Anwendung des Amsterdamer Vertrages, Wien 2001, 223-241

her statt mit dem Terminus Neutralität besser mit jenem der Bündnislosigkeit beschreiben.

Griller demgegenüber setzt den Zeitpunkt mit dem Inkrafttreten des Vertrags von Amsterdam, der auch neue Akzente in der Gemeinsamen Außen- und Sicherheitspolitik (GASP) setzt, bzw. mit dem gleichzeitigen Inkrafttreten des Art. 23 f Bundesverfassungsgesetz mit Mai 1999 fest.[70] Schon in seiner Maastrichter Fassung enthielt, laut Griller, der EU-Vertrag im Titel V über die GASP wesentliche Rahmenbedingungen für neutralitätsrechtlich eventuell bedenkliche Maßnahmen. Die im österreichischen Beitrittsvertrag zur EU enthaltene Gemeinsame Erklärung Nr. 1 zur Gemeinsamen Außen- und Sicherheits-politik (GASP) kam einer Pflicht zur partiellen, materiellen Abänderung des Neutralitätsgesetzes gleich, denn dieses verweist nicht nur auf das Völkergewohnheitsrecht, sondern, wie bereits dargestellt, auch auf die Haager Abkommen von 1907. Diese enthalten das Verbot der Beteiligung eines neutralen Staates an qualifizierten Wirtschaftssanktion. Die Schaffung einer Erlaubnis zur Teilnahme an qualifizierten Wirtschaftssanktionen beseitige somit im Wege einer materiellen Derogation die erwähnte Verweisung, während der Text des Neutralitätsgesetzes dabei unangetastet blieb. Auch andere AutorInnen verweisen darauf, daß in der österreichischen Sichtweise die Haager Abkommen keine wichtige Rechtsquelle für die neutralen Staaten darstellten, da sie vom Völkergewohnheitsrecht überholt seien.[71]

Innerstaatlich wurde im EU-Begleit-Bundesverfassungsgesetz dem Rechnung getragen, indem am 18. Juni 1998 der Nationalrat – zusammen mit der Ratifizierung des EU-Vertrages von Amsterdam – mit den Stimmen von SPÖ, ÖVP und Liberalen den Artikel 23f B-VG

[70] Siehe dazu Griller, Stefan: Die GASP und das Ende der immerwährenden Neutralität, in: Hummer, Waldemar (Hrsg.): Rechtsfragen in der Anwendung des Amsterdamer Vertrags, Wien 2001, 261-280

[71] Siehe dazu v.a. Schaub, Adrian R.: Neutralität und kollektive Sicherheit. Gegenüberstellung zweier unvereinbarer Verhaltenskonzepte in bewaffneten Konflikten und These zu einem zeit- und völkerrechtsgemäßen modus vivendi. Diss., Basel/Frankfurt 1995

(Bundes-Verfassungsgesetz) beschloß. Er ist – zusammen mit dem EU-Vertrag von Amsterdam – am 1. Mai 1999 in Kraft getreten.

„(1) Österreich wirkt an der Gemeinsamen Außen- und Sicherheitspolitik der Europäischen Union auf Grund des Titels V des Vertrages über die Europäische Union in der Fassung des Vertrages von Amsterdam mit. Dies schließt die Mitwirkung an Aufgaben gemäß Art. 17 Abs. 2 dieses Vertrages sowie an Maßnahmen ein, mit denen die Wirtschaftsbeziehungen zu einem oder mehreren dritten Ländern ausgesetzt, eingeschränkt oder vollständig eingestellt werden. Beschlüsse des Europäischen Rates zu einer gemeinsamen Verteidigung der Europäischen Union sowie zu einer Integration der Westeuropäischen Union in die Europäische Union bedürfen der Beschlußfassung des Nationalrates und des Bundesrates in sinngemäßer Anwendung des Art. 44 Abs. 1 und 2.

(2) Für Beschlüsse im Rahmen der Gemeinsamen Außen- und Sicherheitspolitik der Europäischen Union auf Grund des Titels V sowie für Beschlüsse im Rahmen der polizeilichen und justitiellen Zusammenarbeit in Strafsachen auf Grund des Titels VI des Vertrages über die Europäische Union in der Fassung des Vertrages von Amsterdam gilt Art. 23e Abs. 2 bis 5.

(3) Bei Beschlüssen betreffend friedenserhaltende Aufgaben sowie Kampfeinsätze bei der Krisenbewältigung einschließlich friedensschaffender Maßnahmen sowie bei Beschlüssen gemäß Art. 17 des Vertrages über die Europäische Union in der Fassung des Vertrages von Amsterdam betreffend die schrittweise Festlegung einer gemeinsamen Verteidigungspolitik und die engeren institutionellen Beziehungen zur Westeuropäischen Union ist das Stimmrecht im Einvernehmen zwischen dem Bundeskanzler und dem Bundesminister für auswärtige Angelegenheiten auszuüben.

(4) Eine Zustimmung zu Maßnahmen gemäß Abs. 3 darf, wenn der zu fassende Beschluß eine Verpflichtung Österreichs zur Entsendung von Einheiten oder einzelnen Personen bewirken würde, nur unter dem Vorbehalt gegeben werden, daß es diesbezüglich noch der Durchführung des für die Entsendung von Einheiten oder einzelnen

Personen in das Ausland verfassungsrechtlich vorgesehenen Verfahrens bedarf."[72]

In den Erläuterungen zur Regierungsvorlage findet sich der Hinweis, es sei „nicht auszuschließen", daß die Mitwirkung an der Beschlußfassung im Rahmen der GASP „mit der geltenden Verfassungsrechtslage in verschiedener Hinsicht im Widerspruch stehen könnte". Deutlichere Worte finden sich im Ausschußbericht zum EU-Beitritts-BVG. Dort heißt es in einer Formulierung, die offenbar auf eine im Begriff befindliche Änderung des Neutralitätsrechts aufmerksam machen soll: „*Der Ausschuß erwog auch, inwiefern der Rechtsbestand der Europäischen Union mit dem österreichischen Rechtsbestand auf diesem Gebiet in Widerspruch steht. Dabei wurde festgestellt, daß auf der Grundlage der bisherigen Tätigkeit der Europäischen Union lediglich die Teilnahme an Wirtschaftssanktionen durch das österreichische Recht verwehrt ist. Der Ausschuß geht ... davon aus, daß diese rechtliche Inkompatibilität bis zu einem Beitritt Österreichs zur Europäischen Union beseitigt werden wird. Eine Aufhebung des Bundesverfassungsgesetzes über die Neutralität Österreichs wird somit durch einen EU-Beitritt Österreichs nicht erforderlich. Um jedoch der von Österreich beabsichtigten und erwarteten aktiven solidarischen Mitwirkung an der Gemeinsamen Außen- und Sicherheitspolitik außerhalb des Kernbestandes der österreichischen Neutralität eigenständig eine sichere Rechtsgrundlage zu geben, wird diesbezüglich eine klare bundesverfassungsrechtliche Vorkehrung zu schaffen sein.*"[73]

Mit dieser Verfassungsänderung wird klargestellt, daß Österreich nicht nur an Maßnahmen der GASP auf der Grundlage des Maastrichter Vertrages – insbesondere was die Verhängung von Wirtschaftsembargos betrifft – teilnehmen kann, sondern vollumfänglich

---

[72] http://www.parlament.gv.at/pls/portal/docs/page/PG/DE/XX/A/A_00791/daten_000000.doc, 22.08.2004

[73] zitiert nach Griller, Stefan: Die GASP und das Ende der immerwährenden Neutralität, in: Hummer, Waldemar (Hrsg.): Rechtsfragen in der Anwendung des Amsterdamer Vertrags, Wien 2001, 275

auch an den durch den Amsterdamer Vertrag neu eingeführten sog „Petersberg-Aufgaben". Dies gilt auch für den Fall, daß eine solche Maßnahme nicht aufgrund eines Mandats des UN-Sicherheitsrates ergriffen wird. Weder im Initiativantrag noch im Ausschußbericht zum Änderungs-BVG wird ein einziges Mal der Ausdruck „Neutralität" erwähnt.

Besondere Kritik rief Artikel 3 hervor, durch den Bundeskanzler und Außenminister ermächtigt werden, über die Beteiligung Österreichs an weltweiten EU-Einsätzen – eben auch ohne Mandat des UN-Sicherheitsrates – entscheiden können.

Im Einzelfall ist Österreich sicherlich nicht daran gehindert, sich neutral zu verhalten. Eine solche politische Entscheidung ist grundsätzlich – bis zur Grenze der Obstruktion der GASP – möglich.

„Der rechtlich entscheidende Gesichtspunkt ist allerdings, daß es in dem skizzierten Umfang keine verfassungsrechtliche Verpflichtung mehr dazu gibt. Gerade die allgemeine Verpflichtung, in Kriegsfällen neutral zu bleiben, ist nämlich das entscheidende Element der dauernden Neutralität. Dieses Element ist nun nicht nur hinsichtlich von Wirtschaftssanktionen, sondern darüber hinaus ganz allgemein innerhalb der GASP und insbesondere auch für sog ‚Petersberg-Aufgaben', weggefallen. Österreich kann daher im Einzelfall (nicht immer!) neutral bleiben, muß es aber nicht. Die politische Option einer neutralen Haltung ist aber etwas anderes als die Verpflichtung zur dauernden Neutralität ... Aber ein entscheidender Gesichtspunkt des bisherigen Kernbestands der immerwährenden Neutralität, nämlich das Prinzip. kein militärisches Eingreifen in einen Krieg, wurde preisgegeben."[74]

Es verbleiben somit noch „Restbestände" dieser Neutralität: Kommt weder eine gemeinsame Maßnahme im Rahmen der GASP noch ein verbindlicher Sicherheitsratsbeschluß zustande, gelten daher weiterhin die Neutralitätspflichten.

---

[74] ebd., 278

„Konnte man nach dem EU-Beitritt noch von einer ‚differentiellen Neutralität' sprechen, die sich nicht mehr auf wirtschaftliche Maßnahmen erstreckt, so ist dies nach Inkrafttreten des Amsterdamer Vertrags nicht mehr möglich.“[75] Verfassungsrechtlich ist Österreich daher seit dem 1. Mai 1999 nicht mehr immerwährend neutral.

7 Die innen- bzw. parteipolitische Debatte nach dem EU-Beitritt

Seit Mitte der neunziger Jahre entzündete sich eine heftige innenpolitische Kontroverse um die zukünftige Rolle der österreichischen Neutralität. Vor allem im Kontext der Entwicklung einer europäischen Sicherheitspolitik standen Fragen eines Beitritts zur WEU und/oder NATO mit dessen neutralitätsrechtlichen und -politischen Konsequenzen im Mittelpunkt der Diskussionen.

Der am 2. Oktober 1997 unterzeichnete Vertrag von Amsterdam, – in Kraft ist dieser seit dem 1. Mai 1999 –, sah eine Verschmelzung von WEU und EU sowie eine Gemeinsame Europäische Sicherheits- und Verteidigungspolitik (GESVP) vor.

„Die Rolle der österreichischen Neutralität erfährt in dieser Redefinitionsphase der europäischen Sicherheit eine historische neue Interpretation ihrer eigenen Vergangenheit und damit ihrer bislang gültigen Funktionsweise und Legitimität. Es ist in der politischen Debatte nicht mehr nachgefragt, was die Neutralität für Österreichs Identitätsbildung und Österreichs Sicherheits- und Außenpolitik tatsächlich historisch leistete. Der innenpolitische Schlagabtausch zwischen den beiden hauptbeteiligten Akteuren SPÖ und ÖVP handelte vorwiegend davon, die Neutralität Österreichs in ihrer historisch-politischen Funktion in Frage zu stellen, umzudeuten oder generell zu entwerten.“[76]

---

[75] ebd.

[76] Schöfbänker, Georg: Neutralität – quo vadis? Struktur eines außenpolitischen Prioritätskonflikts, Schlaining Working papers Nr. 1, Schlaining 1997, 8

Folgende Argumente sind in der innenpolitischen Debatte seit etwa Mitte 1995 bei verschiedenen AkteurInnen anzutreffen:[77]

Bündnisbefürwortende Argumente:

- Die äußere Bedrohung Österreichs habe seit 1989 maßgeblich zugenommen, weshalb ein Abseitsstehen innerhalb der EU und der Bündnissysteme WEU und NATO nicht mehr verantwortbar sei (Militär, ÖVP).
- Österreich sei seit Beginn der Zweiten Republik ohnehin von der NATO geschützt worden, eine weitere Verweigerung der notwendigen „westlichen Solidarität" (Trittbrettfahrerargument) sei moralisch nicht weiter tragbar (ÖVP, Teile der SPÖ).
- Die österreichische Neutralität sei bereits mit dem Beitritt zur EU aufgegeben worden (ÖVP, teilweise auch SPÖ Position).
- Außer einer Mitgliedschaft Österreichs in der WEU gäbe es keine andere mittelfristige sicherheitspolitische Lösung für Österreich, da keine gesamteuropäische Sicherheitsarchitektur in Aussicht stünde, die Rußland miteinschlösse. Diese Kluft in Europa, vor allem zu Rußland sei, nicht überwindbar (SPÖ). Die WEU sei schließlich nur der europäische Pfeiler der NATO, der nur auf der Basis der NATO-Strukturen und mit Zustimmung der Amerikaner handeln könne (SPÖ).
- Österreich wäre im Fall einer wahrscheinlichen NATO-Osterweiterung „stilles NATO-Mitglied" wie die Schweiz. Eine „offene Mitgliedschaft" sei vorzuziehen, da sie die Teilnahme an einem Willensbildungsprozeß erlaube, von dessen Folgen man ohnehin betroffen sei (SPÖ).
- Neue Bedrohungen der österreichischen Sicherheit (Migration, Proliferation von Massenvernichtungswaffen, Umweltgefahren, Terrorismus und organisierte Kriminalität) erforderten einen Bündnisbeitritt (Militär, ÖVP, auch SPÖ).

---

[77] ebd., 11f; siehe dazu auch Lottes, Robert: Innen- und Außensichten der österreichischen Neutralität nach der Zeitenwende, Diplomarbeit, Wien 1999, 75ff

- Das „Kostenargument“: Behielte Österreich seine Neutralität bei, so wäre seine Sicherheit nach dem Ende des Ost-West-Konflikts nicht mehr durch Dritte garantiert. Deshalb wäre damit eine maßgebliche Verstärkung seiner militärischen Verteidigung und damit eine drastische Erhöhung seiner Militärausgaben verbunden.
- Regionale krisenhafte Entwicklungen in Europa, wie etwa Renationalisierungen, Staatsneubildungen, ethnische-, Menschenrechts- und Minderheitenkonflikte bedürften auch eines europäischen militärischen Potentials unter geteilter politischer Kontrolle der EU/WEU und somit einer im weiteren Sinn militärischen schnellen Eingreiftruppe Europas, woran sich Österreich beteiligen sollte (Militär, ÖVP, Teile der SPÖ).
- Die Transformation der NATO und/oder der WEU zu einem System regionaler kollektiver Sicherheit stehe bevor, deshalb sei ein Beitritt mittelfristig erforderlich (Militär, ÖVP, Teile der SPÖ).
- Die NATO sei das einzige funktionierende Sicherheitssystem in Europa. Ihre weitere Existenz sei aus Gründen der Stabilität erforderlich. Eine NATO-Osterweiterung werde ohnehin stattfinden, weshalb Österreich sich auch gleich anschließen solle (Militär, ÖVP, Teile der SPÖ).
- Die OSZE biete auf Jahre hinaus keine Sicherheit. Nur die NATO könne dies gewährleisten. Ein Setzen auf die OSZE-Option der österreichischen Politik sei naiv (Militär, ÖVP, Teile der SPÖ).

Bündnisskeptische Argumente:

- Der Status Quo Ante (1989) der österreichischen Neutralität könne aufrecht erhalten bleiben, da aufgrund der objektiven Bedrohungssituation der äußeren Sicherheit Österreichs kein weiterer Handlungsbedarf bestehe.
- Die äußere Sicherheit Österreichs habe seit 1989 objektiv zugenommen, Österreich sei speziell im Fall einer Osterweiterung der NATO nur von „Freunden“ umgeben. Ein Bündnisbeitritt sei deshalb unnotwendiger als jemals zuvor.

Nicht nur die Entwicklung der EU zu einer sicherheitspolitischen Gemeinschaft, auch Äußerungen von ÖVP-PolitikerInnen heizten die Diskussion an: So ließen der frühere Außenminister Alois Mock 1993 und Verteidigungsminister Werner Fasslabend 1994 in heimischen Medien verlauten, eine NATO-Mitgliedschaft sei mit der Neutralität vereinbar[78]. Fasslabend stellte sogar fest, daß die WEU zum damaligen Zeitpunkt den Charakter einer Sicherheitsgemeinschaft und nicht eines Militärbündnisses habe[79] – angesichts der unbedingten Beistandspflicht der WEU keine sehr sachkundige Aussage.

Österreichs neuer Außenminister Schüssel erklärte 1995[80], die Neutralität bilde für Österreich kein Hindernis für eine volle Teilnahme an der WEU, da diese in Zukunft von der EU zunächst nur mit Krisenmanagement und friedenserhaltenden Operationen betraut würde. Auch ein NATO-Beitritt sei, laut Schüssel, mit der österreichischen Neutralität vereinbar, weil die Beistandspflicht zur Einschränkung, nicht aber zur Gegenstandslosigkeit der Neutralität führe. Ein vorbehaltloser Beitritt komme nicht in Frage.

Die aktuelle öffentliche Debatte seit 1995 in Österreich nimmt somit lediglich Bezug auf den Prioritätskonflikt der äußeren (militärischen) Sicherheit Österreichs bei einem Bündnisbeitritt zu NATO und WEU und den daraus abzuleitenden neutralitätspolitischen und -rechtlichen Folgen.

Bis etwa Anfang 1996 wurde seitens der ÖVP ein Bündnisbeitritt bei Beibehaltung der Neutralität für realisierbar erachtet. Ab dem Frühsommer 1996 begann die ÖVP, die Bevölkerung an die Aufgabe der

---

[78] Gehler, Michael: Finis Neutralität? Historische und politische Aspekte im europäischen Vergleich: Irland, Finnland, Schweden, Schweiz und Österreich. ZEI Discussion Paper C92. Bonn 2001, 41

[79] Schneider, Heinrich: Der sicherheitspolitische „Optionenbericht" der österreichischen Bundesregierung: Ein Dokument, das es nicht gibt – und ein Lehrstück politischen Scheiterns, Informationen zur Sicherheitspolitik Nr. 16, März 1999, 13

[80] Gehler, Michael: Finis Neutralität? Historische und politische Aspekte im europäischen Vergleich: Irland, Finnland, Schweden, Schweiz und Österreich. ZEI Discussion Paper C92. Bonn 2001, 42

Neutralität gewöhnen zu wollen, was zu extrem widersprüchlichen Aussagen einzelner ÖVP-RepräsentantInnen führte. Die Antwort von Außenminister Schüssel zur dringlichen Anfrage betreffend die „immerwährende Neutralität" der Grünen[81] machte die Widersprüchlichkeit österreichischer Außenpolitik in bezug auf die GASP am deutlichsten. Einerseits betonte Schüssel, die Frage der Neutralität sei nicht aktuell, andererseits argumentiert er, daß sich Österreich auch zu der im EU-Vertrag verankerten Perspektive einer gemeinsamen Verteidigungspolitik verpflichtet habe. Dieser Widerspruch trat auch betreffend der österreichischen Haltung in bezug auf die Einstimmigkeit von GASP-Entscheidungen hervor. So argumentierte Schüssel in der Anfragebeantwortung, daß Österreich bei der Regierungskonferenz in Turin die Position vertreten habe, daß für GASP-Entscheidungen mit militärischen Implikationen auch in Zukunft die Einstimmigkeitsregel fortbestehen müsse. Aus einem Protokoll des Außenamtes in Bonn von der 9.Tagung der Regierungskonferenz am 6.6.1996 geht jedoch hervor, daß der österreichische Vertreter Botschafter Scheich eine gegenteilige Haltung zu dieser Frage eingenommen hatte, indem er – nach einem schrittweisen Übergang – für qualifiziere Mehrheitsabstimmungen eingetreten sei. Gegenüber der APA formulierte Außenminister Schüssel seine Zielsetzung wesentlich deutlicher: *„Ich bin dafür, daß eine Vollmitgliedschaft bei der WEU notwendig sein wird. Die NATO kann sich daraus ergeben."*[82]

Der Entschließungsantrag der Grünen betreffend der Abhaltung einer Volksabstimmung über die „immerwährende Neutralität" Österreichs vom September 1996 wurde von allen anderen Parlamentsparteien abgelehnt.

Die Haltung der SPÖ war innerparteilich gespalten, der eher „linke Flügel" nahm die die Veränderungen in der europäischen sicherheitspolitischen Landschaft und die Neuorientierung der Militärbündnisse scheinbar weniger zur Kenntnis und setzte auf eine Beibehaltung der

[81] http://www1.parlinkom.gv.at/pd/pm/XX/A/texte/002/A00290_.doc, 23.08.2004
[82] APA 446/26.02.1995

Neutralität, der eher „pragmatische Flügel“ verblieb in einer abwartenden Position.

Ein von einer überparteilichen Plattform im März 1996 durchgeführtes Volksbegehren „über die Sicherung der Neutralität Österreichs“[83] – den Text hatte Univ. Doz. Bader erstellt – wurde von 358.156 ÖsterreicherInnen (6,21 %) unterstützt. Das Volksbegehren wurde im Februar 1997 im Nationalrat ebenso abgelehnt wie ein gleichzeitiger Antrag auf Beitritt zur WEU.

Die Frage des zukünftigen Status der österreichischen Neutralität und einer Bündnisannäherung war auch zentrales Thema bei den Koalitionsverhandlungen zwischen SPÖ und ÖVP 1996. Im Koalitionsabkommen[84] wurde ein Kompromiß gefunden, der eine endgültige Entscheidung in dieser Gesetzgebungsperiode, spätestens jedoch im Laufe des ersten Quartals des Jahres 1998, vorsah. Die beiden Regierungsparteien verstehen sich dabei „im Einklang mit den Zielsetzungen der Europäischen Union“ und betonen nicht nur, sich in diesem Zusammenhang „für die vollberechtigte Teilnahme Österreichs an funktionsfähigen europäischen Sicherheitsstrukturen ein(zu)setzen“, sondern wollen „im Interesse einer weiteren Konvergenz von EU und WEU“ im Rahmen der Regierungskonferenz unter anderem auch dafür eintreten, daß der WEU für die „Petersberger Aufgaben“ ausdrückliche Richtlinien oder Instruktionen der Union unterstellt werden. Das Wort „Neutralität“ ist in diesem rund vierzig Seiten starken Übereinkommen nicht mehr zu finden. Das Koalitionsabkommen von 1996 kann daher nicht anders verstanden werden, als eine Weichenstellung weg von der Neutralität hin zu einer verteidigungsbezogenen „Solidarität“.

Das Koalitionsabkommen sah auch die Ausarbeitung eines „Optionenberichts“ vor, der verschiedene in Frage kommende Alternativen einer künftigen österreichischen Sicherheitspolitik erarbeiten und bewerten sollte. Als Ergebnis sollte noch vor dem österreichischen EU-Vorsitz, spätestens jedoch im Frühjahr 1998 eine Optionenprüfung

---

83 Text siehe Anhang „18.2 Erklärung von BMA Dr. Alois Mock anläßlich der Überreichung der österreichischen Beitrittsansuchen am 17.07.1989“

84 Koalitionsabkommen vom 11.03.1996

durchgeführt, dem Parlament berichtet und dann eine Option zur Grundlage der zukünftigen Politik gemacht werden.

Folgende Varienten standen dabei zur Disposition:[85]

- Wahrung des Status quo
- Bewahrung der dauerhaften Neutralität bei Erhöhung der Verteidigungsausgaben
- Kooperation aller EU-Nicht-Bündnismitglieder
- Ausbau der OSZE zu einer regionalen Organisation kollektiver Sicherheit mit verbesserten Entscheidungskompetenzen
- Abschwächung und Modifizierung der Neutralität in Richtung einer „differentiellen" Neutralität
- Aufgabe der „immerwährenden" Neutralität zugunsten einer Allianzfreiheit und Erhöhung des eigenen Handlungsspielraums ohne Bündnisbeitritt
- Aufrechterhaltung des Neutralitätsstatus bei gleichzeitiger Beteiligung an Kooperationsformen (PfP, enhanced PfP, Aufwertung des Beobachterstatus bei der WEU etc.)
- WEU-Beitritt ohne NATO-Mitgliedschaft
- NATO-Beitritt ohne WEU-Mitgliedschaft
- Beitritt zur WEU und NATO.

Von diesen Optionen sind lediglich zwei umgesetzt worden: die Beibehaltung des status quo sowie die Möglichkeit eines zukünftigen WEU-Beitritts. Es wurde demnach eine Politik des Abwartens auf die weitere Entwicklung einer europäischen Sicherheitspolitik eingeschlagen. Dennoch forcierte die ÖVP im weiteren Verlauf der Debatte die WEU- und NATO-Beitrittsoption, während Teile der SPÖ-Spitze diese Tendenzen blockierten. Die Volkspartei legte sich am 14. Juli

---

85 Gehler, Michael: Finis Neutralität? Historische und politische Aspekte im europäischen Vergleich: Irland, Finnland, Schweden, Schweiz und Österreich. ZEI Discussion Paper C92. Bonn 2001, 40

1997 auf eine Mitgliedschaft beim Nordatlantik-Pakt fest, was von den SozialistInnen als Beeinträchtigung des Verhandlungsspielraums für den „Optionenbericht" interpretiert wurde.

Angesichts der Stimmung in der Bevölkerung – im Februar 1998 sprachen sich 65 % gegen einen NATO-Beitritt aus[86] – nahm die SPÖ eine zurückhaltende Position ein, die die Schaffung eines gesamteuropäischen Systems kollektiver Sicherheit präferenzierte. Die Weigerung der SPÖ, eine NATO-Mitgliedschaft als Zukunftsperspektive für die österreichische Sicherheitspolitik miteinzubeziehen, machte eine Einigung mit dem Koalitionspartner unmöglich. Damit war die Große Koalition in der Frage der Sicherheitspolitik Ende März 1998 gescheitert.

Im Wahlkampf von 1999 spielte dann auch die Frage eines NATO-Beitritts keine überragende Rolle. Die am 4. Februar 2000 gebildete ÖVP-FPÖ-Regierung verfolgte, mit nicht unerheblichen Unstimmigkeiten, einen WEU- und NATO-Beitrittskurs. Im Koalitionsabkommen „Österreich neu regieren" vom 1.2.2000 wird angekündigt, sich für eine Beistandsgarantie innerhalb der EU-Staaten einzusetzen, die auch für Österreich gelten soll. Für diesen Fall *„soll durch eine Novellierung des Bundesverfassungsgesetzes über die Neutralität klargestellt werden, daß dieses auf die aktive und solidarische Mitwirkung an der Weiterentwicklung der gemeinsamen Sicherheits- und Verteidigungspolitik der Union und auf die Beteiligung an einer europäischen Friedens-, Sicherheits- und Verteidigungsgemeinschaft mit gleichen Rechten und Pflichten, einschließlich einer Beistandsgarantie, keine Anwendung findet. ... Es besteht Übereinstimmung, dass eine solche Änderung der österreichischen Sicherheitspolitik nicht ohne Zustimmung der österreichischen Bevölkerung (Volksabstimmung) stattfinden wird".*[87] Dies würde bedeuten, daß die immerwäh-

[86] Schneider, Heinrich: Der sicherheitspolitische „Optionenbericht" der österreichischen Bundesregierung: Ein Dokument, das es nicht gibt – und ein Lehrstück politischen Scheiterns, Informationen zur Sicherheitspolitik Nr. 16, März 1999, 5

[87] Koalitionsübereinkommen vom 4.2.2000, http://www.widerstand.at/assets/pdf/pakt_vpf.pdf, 23.08.2004

rende Neutralität Österreichs im Verteidigungsfall im Rahmen der GESVP keine Anwendung finden würde, während sie in allen anderen Fällen ihre Gültigkeit behalten würde. Da letztere Möglichkeit nahezu auszuschließen ist, käme dies einer de-facto-Abschaffung gleich.

Da bislang noch keine verbindliche gegenseitige Beistandsverpflichtung im Rahmen der GESVP vereinbart wurde, ist dieser „Neutralitätsfall“ noch nicht eingetreten. Überdies stellt sich spätestens seit Inkrafttreten des Amsterdamer Vertrags eigentlich ohnedies nicht mehr die Frage, ob Österreich seine Neutralität beibehalten kann sondern vielmehr, ob es „allianzfrei“ bleiben soll oder die Übernahme einer EU-Beistandsverpflichtung für die Aufrechterhaltung der Sicherheit zielführender ist. Eine Suspendierung des BVG über die immerwährende Neutralität ist jedoch auf längere Sicht nicht abzusehen, da eine Zustimmung sowohl durch eine Volksabstimmung als auch durch die notwendige Zwei-Drittel-Mehrheit im Nationalrat aufgrund der ablehnenden Haltung von SPÖ und Grüne nicht zu erwarten ist.

8 Die programmatischen Positionen der politischen Parteien

Anhand einer Analyse der gültigen Parteiprogramme der zur Zeit im Nationalrat vertretenen politischen Parteien sollen die Positionen hinsichtlich der österreichischen Neutralität dargestellt werden.

8.1 Die sozialdemokratische Partei (SPÖ)

Im Hinblick auf die immerwährende Neutralität Österreichs heißt es im Grundsatzprogramm der SPÖ von 1998:

„Österreich verfügt in Form der Neutralität, in Kombination mit internationaler kooperativer Solidarität, über ein bewährtes Sicherheitskonzept. Es gestattet eingegangene Verpflichtungen in vertragstreuer und solidarischer Weise wahrzunehmen. Wir lehnen daher eine automatisierte Verpflichtung zur Teilnahme an militärischen Operationen in einem Bündnis ab. Wir benötigen auch keinen Bündnisbei-

tritt, um unsere internationale Solidarität unter Beweis zu stellen. Wir leisten schon bisher einen – bezogen auf unsere Bevölkerungszahl – überproportionalen Beitrag zur internationalen Friedenssicherung ...

So wenig es heute für Österreich einen plausiblen Grund gibt, einem Militärbündnis beizutreten und auf die österreichische Neutralität zu verzichten, wäre doch ein solches europäisches Sicherheitssystem und eine neue Kultur bei der Bewältigung von Konflikten ein Friedensmodell, dem sich kein europäischer Staat entziehen sollte."[88]

Im Wahlprogramm „Faire Chancen für alle! 26 Projekte für die Zukunft Österreichs. Programm der Sozialdemokratischen Partei Österreichs für die Jahre 2003 bis 2006" für die Nationalratswahlen 2002 wird festgestellt:

„*Wir wollen, dass Österreich sich auf Basis seiner aktiven Neutralitätspolitik innerhalb der EU und international für Frieden, Demokratie, Menschenrechte, sozialen Ausgleich und die Herrschaft des Rechts engagiert und entsprechende Initiativen in UNO, Europarat und OSZE setzt und vorantreibt. Österreich kann dabei verstärkt seine besondere Kompetenz im politischen Krisenmanagement einbringen. Wir treten für die Weiterentwicklung des Friedensprojekts Europäische Union ein, für einen Ausbau der Gemeinsamen Außen- und Sicherheitspolitik der EU auf Basis der Charta der Vereinten Nationen, für den Ausbau entsprechender Kapazitäten des zivilen Krisenmanagements und für eine gemeinsame militärische Komponente für Krisenbewältigung, in erster Linie im Rahmen eines Mandats des Sicherheitsrates der Vereinten Nationen oder der OSZE. Voraussetzung dafür ist freilich die Ausweitung der demokratischen Kontrolle in diesem Bereich, etwa durch die Stärkung der Rechte des Europäischen Parlaments. Das neutrale Österreich hat keinen Grund, einem militärischen Bündnis, wie es die NATO ist, beizutreten oder fremden*

[88] Kotanko, Christoph (Hrsg.): Die Qual der Wahl. Die Programme der Parteien im Vergleich, Wien 1999, 51f, siehe auch http://www.diekampagne.spoe.at/downloads/spoe_partei_programm.pdf, 28.08.2004

Staaten die Errichtung militärischer Stützpunkte auf österreichischem Territorium zu erlauben."[89]

Während im Parteiprogramm noch relativ unkonkret auf ein zukünftiges europäisches Sicherheitssystem Bezug genommen wird, tritt die SPÖ in ihrem Wahlprogramm schon dezidiert für den Ausbau von GASP, des zivilen Krisenmanagements und für eine gemeinsame militärische Komponente für Krisenbewältigung – allerdings alles im Rahmen der UN-Charta – ein.

8.2 Die österreichische Volkspartei (ÖVP)

Im Grundsatzprogramm der ÖVP vom 22. April 1995 wird Neutralität nicht erwähnt. Die ÖVP tritt lediglich „*für eine Beteiligung Österreichs am Ausbau eines gesamteuropäischen Sicherheits- und Verteidigungssystems*"[90], ein, dessen Entscheidungen Österreich möglich stark beeinflussen solle.

In einer Information des ÖVP-Parlamentsklubs aus dem Jahre 1999 heißt es:

„*Die Neutralitätserklärung im Jahre 1955 war der richtige Schritt. Die Bereitschaft zur Neutralität hat den Weg zur Freiheit und zur Unabhängigkeit geebnet. Die ausländischen Truppen haben unser Land verlassen und im Gegenzug hat sich Österreich verpflichtet, keine der beiden Seiten des Kalten Krieges zu unterstützen. Somit lag die Neutralität Österreichs im Interesse unserer Nachbarn im Osten und Westen und sie hat über viele Jahre hindurch zu Stabilität und Frieden in Europa beigetragen. Heute ist aber alles anders... Österreichs Teilnahme an der gemeinsamen Sicherheitspolitik trägt wesentlich zur Stabilität zur Stärke Europas bei. Hier geht es um die*

---

[89] Faire Chancen für alle! 26 Projekte für die Zukunft Österreichs. Programm der Sozialdemokratischen Partei Österreichs für die Jahre 2003 bis 2006, http://www.diekampagne.spoe.at/programm/programm.php4, 28.04.2004

[90] Grundsatzprogramm. Beschlossen am 30. ordentlichen Parteitag der Österreichischen Volkspartei am 22. April 1995 in Wien, 29, http://www.oevp.at/download/000298.pdf, 28.08.2004

Solidarität mit unseren Partnern in Europa. Diese Solidarität löst die Neutralität schrittweise ab ...

Das Neutralitätsgesetz von 1955 ist nach wie vor in Kraft, das politische Umfeld hat sich aber mit Ende des Kalten Krieges grundlegend verändert. Die ursprünglichen Rahmenbedingungen für die österreichische Neutralität existieren nicht mehr ...

Ob bzw. inwieweit dieses gemeinsame Vorgehen (eine engere Kooperation der EU mit der NATO, Anm.d.V.) *im Rahmen der Europäischen Union der klassischen österreichischen Neutralität entspricht bzw. entsprechen kann, ist mittlerweile nur noch eine theoretische Frage. ... Höchstens außerhalb dieses europäischen Bezuges bliebe noch eine Restfunktion der klassischen Neutralität des Jahres 1955 erhalten".*[91]

Der 1997 von der ÖVP gefaßte Beschluß, eine NATO-Mitgliedschaft anzustreben, sei aber „derzeit nicht aktuell".

8.3 Die Freiheitliche Partei Österreichs (FPÖ)

Im Programm der FPÖ vom 30. Oktober 1997 heißt es im Bezug auf die Neutralität:

„Die Neutralität hat als dominierende Handlungsmaxime der österreichischen Außenpolitik ihre Funktion mit dem Zusammenbruch des Ostblockes und dem Ende des ‚Kalten Krieges' verloren. Sie wurde, beginnend mit dem UNO-Beitritt 1955, schrittweise aufgegeben und letztlich durch den EU-Beitritt 1995 obsolet. Gleichermaßen ist auch der Staatsvertrag von Wien 1955 gegenstandslos ...

Durch die geänderte weltpolitische Lage ist der Staatsvertrag von Wien 1955 mit seinen souveränitätsbeschränkenden Bestimmungen obsolet geworden ...

Es liegt im Interesse der Sicherheit Österreichs, den Schutz eines funktionsfähigen und umfassenden militärischen Verteidigungssy-

[91] Die ÖVP für Sicherheit und Solidarität. Fragen und Antworten zur Sicherheitspolitik, Nr. 91/XXGP, 16.07.1999, http://klub.oevp.at/download/924.pdf, 28.08.2004

stems zu erlangen. Österreich soll daher als Vollmitglied des Nordatlantischen Verteidigungspaktes (NATO) und der Westeuropäischen Union (WEU) aktiv am Aufbau eines europäischen Sicherheits- und Verteidigungssystems mitarbeiten."[92]

8.4 Die Grünen

Das Grundsatzprogramm der Grünen aus dem Jahre 2001 wird der „aktiven Neutralitätspolitik" großer Raum gewidmet:

„Neutralität heute heißt auf die veränderte Rolle Österreichs im internationalen Gefüge einzugehen und eine neue außenpolitische Rolle des Landes im europäischen Rahmen zu definieren. Die immer währende Neutralität gehört zum staatspolitischen Fundament der 2. Republik und wurde ein wichtiger Teil des Selbstverständnisses der Gesellschaft im Lande. Das Ende des Ost-Westkonfliktes hat die Ausgangsbedingungen für den neutralen Kleinstaat im Zentrum Europas ebenso grundlegend verändert wie der Beitritt Österreichs zur Europäischen Union, der unter Hinweis auf den gültigen Neutralitätsstatus erfolgt ist.

Eine wesentliche Veränderung der internationalen Stellung Österreichs ergibt sich durch die Mitgliedschaft in der Europäischen Union. Sowohl die Mitarbeit an einer gemeinsamen Verteidigung als auch die Teilnahme an Militärinterventionen durch die EU würden den Stellenwert der Neutralität deutlich verändern. Immerhin schließt das Neutralitätsgesetz sowohl den Beitritt zu einem Militärbündnis als auch die Teilnahme an Kriegen aus. Angesichts der verringerten militärischen Bedrohungen, ist das Projekt eines eigenen Militärbündnisses in der Europäischen Union vollkommen überflüssig ...

Ein NATO-Beitritt ist mit der Neutralität unvereinbar ... Bei der Neutralität handelt es sich um eine völkerrechtliche Verpflichtung, die ein-

---

[92] Kotanko, Christoph (Hrsg.): Die Qual der Wahl. Die Programme der Parteien im Vergleich, Wien 1999, 117f, siehe auch http://194.96.168.106/fileadmin/pdfs/parteiprogramm_dt.pdf, 28.08.2004, 10f

seitig übernommen und daher auch einseitig wieder zurückgenommen werden kann. Das Verfassungsgesetz über die immer während Neutralität kann mit Zweidrittelmehrheit im Nationalrat verändert oder abgeschafft werden. Solange diese Weichenstellungen nicht vorgenommen sind, ist jede Regierung zur Einhaltung der Neutralitätspflichten angehalten. Dass diese Verpflichtung wiederholt durch innen- und außenpolitische Akte verletzt wurde, ändert nichts an der Gültigkeit dieser Grundlage des Staates. Nichtsdestotrotz ist der Gehalt der Neutralität auf seinen militärischen Restbestand reduziert. Eine Neutralitätspolitik, die als unabhängige, weltoffene, neutrale und solidarische Außenpolitik seinen Ausdruck findet, gibt es derzeit nicht.

Die Zukunft der Neutralität liegt darin, sie zu einem konstruktiven Beitrag zur Europäischen Einigung und zur Grundlage einer weltoffenen, unabhängigen und solidarischen Außenpolitik zu nutzen.

Österreich kann als neutrales Land einen wesentlich wirksameren Beitrag zu Frieden und gemeinsamer Sicherheit leisten. Ein neutraler Staat ist als Vermittler in internationalen Konflikten glaubwürdig. Gerade wenn die Nato nach Osten expandiert, braucht Europa kleine Staaten, von denen keine Bedrohung ausgeht und die als Vermittler im Krisenfall ihre guten Dienste anbieten können.

Ein außenpolitisch aktiver, neutraler Staat kann, wenn er es rechtzeitig tut, vor entstehenden Krisen in der Region warnen und so an der Verhinderung gewalttätiger Konflikte mitarbeiten. Eine wohlverstandene, international orientierte Neutralitätspolitik hat verschiedenste Möglichkeiten zur Dimension menschlicher Sicherheit wie sie in Dokumenten der UNO und der OSZE vorgeschlagen wird, konkret beizutragen....

Gleichzeitig ist der Ausbau der Außenpolitik mit dem Ziel der Vermittlung von Völkerrecht, Selbstbestimmungsrecht, Minderheitenrechten und Menschenrechten mit den Instrumenten der Diplomatie, der Wirtschafts- und Sozialhilfe, der Umwelt- und Entwicklungspolitik voranzutreiben und die Neutralität und Unabhängigkeit des Lan-

des als Orientierungspunkt für außenpolitische Initiativen sowohl im europäischen als auch im globalen Raum zu nützen".[93]

Wie relativ klar ersichtlich, erachten die beiden Regierungsparteien die immerwährende Neutralität Österreichs als obsolet und streben den Beitritt zur WEU/NATO (FPÖ) bzw. die „solidarische Mitwirkung" an einem europäischen Sicherheitssystem (ÖVP) an. Die beiden Oppositionsparteien SPÖ und Grüne treten für die Beibehaltung der Neutralität ein und lehnen eine Mitgliedschaft in einem Militärbündnis ab. Während die SPÖ relativ vage die Mitgliedschaft Österreichs in einem europäischen Sicherheitssystem als Friedensmodell mit einer neuen Kultur bei der Bewältigung von Konflikten sieht, sind die Grünen die einzigen, die offenbar elaborierte Vorstellungen über die künftige Funktion der österreichischen Neutralität artikulieren können.

9 Neutralität in der (ver)öffentlich(t)en Meinung Österreichs

Der öffentliche Diskurs über die Frage der immerwährenden Neutralität Österreichs verlief seit Mitte der neunziger Jahre und verläuft auch noch heute auf unterschiedlichen Ebenen mit tendenziell unterschiedlichen inhaltlichen Aussagen:[94]

Einerseits zerfällt der Diskurs in einen Elitendiskurs, in dem die Neutralität überwiegend als überholt und obsolet gilt, und in einen Privatdiskurs, bei dem die Neutralität noch immer ein geschätzter Teil der österreichischen Identität darstellt. Im Privatdiskurs können zwei parallel laufende Diskurse unterschieden werden: 1. ein Diskurs, in dem die Neutralität auf eine moralische Ebene rekurriert: Neutralität ist gut, Krieg ist schlecht etc. 2. davon losgelöst ein Diskurs im Kontext der Europäischen Union, in dem wirtschaftliche Belange im Vordergrund stehen. In diesem Zusammenhang wird die Neutralität als durch

[93] Grundsatzprogramm der Grünen. Beschlossen am 20. Bundeskongress am 7. und 8. Juli 2001 in Linz, http://www.gruene.at/docs/grundsatzprogramm2001.doc, 92ff, 21.08.2004

[94] Siehe dazu v.a. die teilweise unveröffentlichten Studien von Ruth Wodak

die Realpolitik obsolet, bzw. den wirtschaftlichen Handlungserfordernissen notwendigerweise weichend gesehen.

Interessante Ergebnisse hinsichtlich des Mediendiskurses über die Neutralität in Österreich liefert eine Studie von Wilhelm Kempf[95], in der unter anderem das Agenda-Setting von Neutralität zwischen schweizerischen und österreichischen Print-Medien verglichen wird.

Hatte die immerwährende Neutralität Österreichs in den Jahren 1955 bis 1961 einen identitätsstiftenden Wert für die Zweite Republik dargestellt, zu dem sich die Mainstream-Presse in 13,5 % aller analysierten Artikel explizit bekannte und den sie in keinem Fall in Frage stellte, so findet sich Zustimmung zur Neutralität in den Jahren 1988 bis 1995 nur noch in 2,6 % der Artikel. Statt dessen wird Neutralität eher negativ thematisiert und reicht von In-Frage-Stellung der Neutralität als Wert (2,6 %) über Neutralität als Hindernis für den Eintritt Österreichs in europäische Bündnisstrukturen (3,5 %) bis hin zu Neutralität als Barriere für einen Beitritt Österreichs zu militärischen Sicherheitsbündnissen (3,5 %). In der Zeit dazwischen ist in Österreich angesichts neutralitätspolitisch relevanter historischer Entwicklungen von einer neutralitätskritischen Auseinandersetzung nichts zu bemerken. *„Statt dessen war der Diskurs der Mainstream-Presse während des gesamten Analysezeitraums ... von einer relativen Nicht-Beachtung neutralitätspolitischer Fragen ... geprägt, deren genereller Unterton zudem deutlich undifferenzierter und gegenüber der Neutralität deutlich negativer war. ... Nicht politischer Diskurs, sondern ein von den Medien permanent gefördertes, unterschwelliges Unbehagen gegenüber der Neutralität war es, welches der neutralitätspolitischen Umkehr in Österreich den Weg ebnete.“*[96]

---

[95] Kempf, Wilhelm: Die Konstruktion nationaler Identität in der österreichischen Presse seit ‘45, in: conflict and communication online, Vol 1, 2002, http://www.cco.regener-online.de/2002_1/pdf_2002_1/kempf.pdf, 23.08.2004

[96] ebd., 12

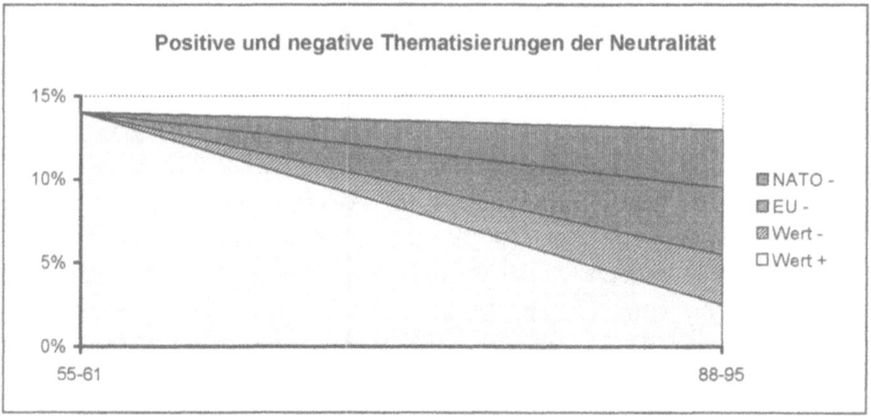

Abbildung 9-1 Positive und negative Thematisierungen der Neutralität[96]

Trotz des der Neutralität tendenziell negativ eingestellten Eliten- sowie Mediendiskurses zeigen Meinungsumfragen – trotz aller methodischer Unschärfen – ein beharrliches Festhalten von WählerInnen aller Parlamentsparteien an der österreichischen Neutralität. Das dürfte einerseits auf eine stark identitätsstiftende Funktion der Neutralität für die Entwicklung eines österreichischen Nationalbewußtseins zurückzuführen sein, auf die später noch näher eingegangen wird, andererseits aber auch darauf, daß von Beginn der Debatten an die mögliche Abkehr Österreichs von der Neutralität mit einem darauffolgenden Beitritt zur NATO in einen unmittelbaren Zusammenhang gebracht und somit der Diskussions- und Entscheidungsspielraum auf ein „entweder – oder" eingeschränkt wurde.

9.1 Die Meinungsumfragen im Zeitverlauf

Laut einer Gallup-Umfrage fiel zwischen 1993 und 1996 der Anteil der Neutralitäts-BefürworterInnen von 81 % auf 63 %. Bei einer Junktimierung mit dem EU-Beitritt wollten 1993 68 % auf den EU-

[96] ebd., 11

Beitritt verzichten, jedoch nur 26 % auf die Neutralität[98]. Daß 58 % eine EU-Mitgliedschaft mit einer Neutralität vereinbar hielten, dürfte auf die EU-Informationskampagne der Bundesregierung zurückzuführen sein[99]. Wie die tieferstehende Grafik stieg zeigt, stieg mit Ausbruch des Kosovokonflikts im März 1999 die Befürwortung der Neutralität um 10 % an und lag danach mit Ausnahme des Herbstes 1999 sehr kontinuierlich über 70 %, die Befürwortung eines NATO-Beitritts im Durchschnitt bei etwa 20 %. Unmittelbar nach den Terroranschlägen vom 11. September 2001 stieg die Zustimmung zur Neutralität auf 81 %, während die Befürwortung für einen Nato-Beitritt signifikant unter 10% sank.

Auch die ÖVP-FPÖ Regierungen seit Februar 2000 haben trotz – oder wegen? – klar artikulierter Präferenzen für einen NATO-Beitritt keine erkennbare Veränderung in der Grundhaltung der österreichischen WählerInnen erbringen können. Nach den Terroranschlägen vom 11.9.2001 sprachen sich zwar 56 % der Befragten für eine Teilnahme an Aktionen gegen den Terrorismus aus, jedoch 87 % für die Neutralität und das Heraushalten aus allen internationalen Konflikten (OGM-Umfrage). Auch Gallup erhob eine 82 %ige Ablehnung einer Teilnahme an den Militäraktionen der USA gegen den Terrorismus.[100] Es befanden zwar – auf die Schutzfunktion von Neutralität angesprochen – 74 % der Befragten, daß Neutralität keinen Schutz gegen Terrorismus darstelle, 81 % jedoch sprachen sich 72 % gegen einen NATO-Beitritt und 81 % gegen die Aufgabe von Neutralität aus[101], was den Schluß zuläßt, daß die Mehrheit der Bevölkerung nicht primär aus Sicherheitsgründen an der Neutralität festhalten will, trotz der Meinung von 58 %, daß sich die österreichische Neutralität in den letzten 10 bis 15 Jahren

---

98 Wandl, Claudia: Die Neutralität aus Sicht der Bevölkerung. Vortrag bei der ÖVM-Tagung „Immerwährende Neutralität" am 30.10.2001, unveröffentlichtes Manuskript, 24

99 siehe dazu Kapitel 5

100 Wandl, Claudia: Die Neutralität aus Sicht der Bevölkerung. Vortrag bei der ÖVM-Tagung „Immerwährende Neutralität" am 30.10.2001, unveröffentlichtes Manuskript, 27

101 ebd., 28

verändert hat (Market).[102] Demgegenüber gehen die Einschätzungen der Bevölkerung über den zukünftigen Status Österreichs 1997 zu 54 % (2001 58 %) von einer NATO-Mitgliedschaft in 10 bis 15 Jahren aus – trotz der signifikant hohen Ablehnungsquote. Dies läßt darauf schließen, daß die ÖsterreicherInnen offenbar der Meinung sind, daß ein NATO-Beitritt à la longue nicht zu vermeiden sein wird – auch gegen den Widerstand der Mehrheit der Bevölkerung. Ein demokratietheoretisch interessanter Befund.

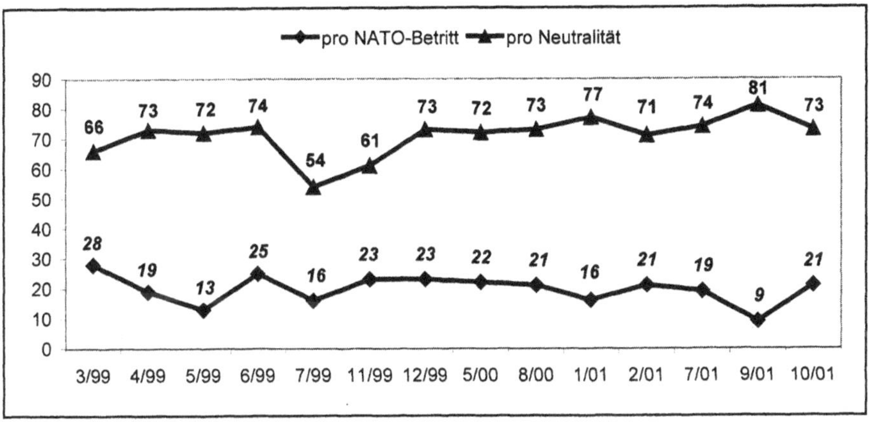

***Abbildung 9-2** Zustimmung zu Neutralität und NATO-Beitritt*[103]

Unterstrichen werden diese Ergebnisse durch Fragestellungen nach der Bedeutung von Neutralität bzw. deren Stellung im Themenkatalog: Zwischen 1998 und 2001 lagen die Werte hinsichtlich der Bedeutung von Neutralität bei 5 verschiedenen Umfragen zwischen 62 % (1998) und 69 % (2001). Ein Vergleich der thematischen Priorität zwischen 1996 und 2000 macht einen Anstieg von 50 % auf 55 % deutlich, was für das Jahr 2000 nach den Themen „Sicherung von Ar-

[102] ebd., 21

[103] Höll, Otmar: Außen- und Sicherheitspolitik, in: Neisser, Heinrich; Puntscher Riekmann, Sonja (Hrsg.), Europäisierung der österreichischen Politik. Konsequenzen der EU-Mitgliedschaft, Wien 2002, 384

beitsplätzen" (69 %) und „Ankurbelung der Wirtschaft" (63 %) den dritten Platz bedeutet.[104]

Auf die Frage, was Österreich besser schützt, sprachen sich 1998 44 %, 1999 jedoch wieder 58 % für die Neutralität aus.[105]

Eine von der Österreichischen Gesellschaft für Europapolitik in Auftrag gegebene und von der Sozialwissenschaftlichen Studiengesellschaft im Juli 2002 durchgeführte Erhebung[106] der Einstellung der ÖsterreicherInnen zu einer gemeinsamen Europäischen Armee erbrachte folgende Ergebnisse:

1. Europa braucht zur Wahrung seiner Interessen militärische Stärke wie die USA (47 % "ja").
2. Es soll eine gemeinsame Europäische Armee geben (73 % „ja").
3. Österreich soll sich daran beteiligen (64 % „ja").
4. Österreich soll einen Beitrag leisten und Sanitätseinheiten (96 %), Zivilschutzeinheiten (90 %) Gebirgstruppen (69 %), Pioniertruppen (66 %), bereitstellen, aber nur zu 46 % Bodentruppen. Die ÖsterreicherInnen wollen Frieden bewahren und sichern, also aktiv an der Friedenserhaltung und Kriegsverhinderung mitwirken, aber nicht als KriegsteilnehmerInnen in Kampfeinsätze, die von den USA entschieden und geführt werden.
5. Die künftige Europa-Armee soll ein Berufsheer aus Freiwilligen sein (82 %), die den Frieden bewahren (77 %) und völlig selbständig sein (59 %) soll. Nur 34 % wollen eine Kooperation mit den USA im Rahmen der NATO.
6. Aus den bisherigen Ergebnissen ist die Ablehnung der Aufgabe der Neutralität (69 %) verständlich.

---

[104] ebd., 6

[105] ebd., 31

[106] Schaller, Stefan: 25 Armeen oder eine? Die Einstellung der Österreicher zu einer gemeinsamen Europäischen Armee, Wien 2003, http://www.bmlv.gv.at/pdf_pool/publikationen/geseupol.pdf, 28.08.2004

All diese Umfragen verdeutlichen überwiegend quantitative Entwicklungen, die inhaltliche Dimension, was Neutralität für die BürgerInnen bedeutet, bleibt jedoch größtenteils im Dunkeln. Auch die Ergebnisse der von Ruth Wodak[107] durchgeführten Gruppendiskussionen erbrachten keine eindeutigen Ergebnisse:

- Der Inhalt von Neutralität ist vage, schwer bestimmbar, besteht im wesentlichen aus „Heraushalten bei internationalen militärischen Konflikten".
- Neutralität erscheint emotional stark verankert, positiv besetzt, als „internalisierter Bestandteil des nationalen Habitus"
- Die Vor- und Nachteile erscheinen diffus und betreffen das Auftreten im Ausland, Vorteile in Osteuropa, umgekehrt aber Isolationismus; gefühlsmäßig überwiegen die Vorteile.

Als Hauptdimensionen der Neutralität wurden genannt:

- Neutralität als Antithese zu Krieg, Zusammenhang zum 2. Weltkrieg
- Rechtliche Garantie, daß Österreich nie mehr an einem Krieg teilnimmt
- Ältere: Wunsch für die Jugend aufgrund eigener Erfahrung
- Jüngere: historisches Erbe, kollektives Gedächtnis
- Gründungsgeschichte Österreichs, Nationalfeiertag
- Lehre aus dem Nationalsozialismus, Selbstbesinnung, Ruhe, aber auch Heuchelei, Verdrängung: „verlogene Opferrolle", „jetzt haben wir unterschrieben, jetzt sind wir gut"
- Positive/negative Analogie zur Schweiz
- Neutralität als Ausdruck der nationalen Identität, Loyalität zum österreichischen Staat,
- als Vehikel für Identifikation, Nationalstolz

---

107 Wodak, Ruth; Andràs Kovács: NATO, Neutrality and National Identity, unveröffentlichtes Manuskript, 2001

- Selbstbewußtsein, stolz auf Vermittlerrolle, Auswirkungen der aktiven Neutralitätspolitik Kreiskys auf Identität, Selbstwert, Image, Bedauern für den Bedeutungs- und Imageverlust der Ära Waldheim
- politische, wirtschaftliche Veränderungen in Europa, EU, NATO
- Neutralität = klein, d. h. machtlos, aber auch „small is beautiful"
- Neutralität = gut (im Gegensatz zu Krieg, Faschismus, Kriegsgewinnlerei), Problematik moralischen Verhaltens versus Heraushalten.

9.2 Die öffentliche Meinung der ÖsterreicherInnen gegenüber GASP und GESVP[108]

Die Eurobarometer-Umfrage, bei der in Österreich zwischen 20. März und 7. April 2003[109] 1021 Personen interviewt wurden, ergab für die

[108] Siehe dazu Europäische Kommission: Eurobarometer 59, die öffentliche Meinung in der Europäischen Union, Frühjahr 2003, Ausgabe Juli 2003, http://europa.eu.int/comm/public_opinion/archives/eb/eb59/eb59_rapport_final_de.pdf, Eruro-barometer 59 (Spring 2003), National Report Austria, http://europa.eu.int/comm/public_opinion/archives/eb/eb59/eb59.1_austria.pdf, als auch Eurobarometer 59 (Spring 2003), Public Opinion in the European Union, National Reports, Compilation of the 15 National Executive Summaries, http://europa.eu.int/comm/ public_opinion/archives/eb/eb59/COMPILED_EB_N59.1%20EXECUTIVE_SUMMARIES.pdf, alle download 30.08.2004.

[109] Da die Eurobarometer-Umfrage im Frühjahr 2004 wegen der anstehenden Wahlen stark auf die Einstellungen der ÖsterreicherInnen zum Europäischen Parlament fokussierte, sind in diesem Bericht keine detaillierte Daten zur GASP und GESVP erhoben worden. Der einzig bemerkenswerte Unterschied zur Umfrage 2003 betrifft die Frage nach Entscheidungen über die Europäische Verteidigungspolitik: *„Entscheidungen über die Europäische Verteidigungspolitik will man vor allem von den nationalen Regierungen getroffen wissen (39%), 35% bevorzugen die EU. Nur 10% möchten die Entscheidungskompetenz bei der NATO wissen. Dies bedeutet einen Meinungsumschwung, da im Herbst 2003 noch 40% der EU und nur 36% den nationalen Regierunge den Vorzug gegeben hatten".* http://europa.eu.int/comm/ public_opinion/archives/eb/eb61/nat_austria.pdf, 52, download 30.08.2004.

Themenbereiche GASP und GESVP im Vergleich mit dem Vorjahr folgende Ergebnisse:

Auf die Frage nach der Einstellung gegenüber einer gemeinsamen Sicherheits- und Verteidigungspolitik sprachen sich 62 % (-3 %) für und 25 % (+2 %) gegen die GESVP aus; 13 % (+1 %) waren unentschlossen.

Auf die Frage nach der Einstellung gegenüber einer gemeinsamen Außenpolitik sprachen sich 65 % (-5 %) für und 23 % (+6 %) gegen die GASP aus; 12 % (-1 %) waren unentschlossen.

Auf die Frage nach der Entscheidungsfindung über die GESVP (Entscheidungen, die die GESVP betreffen) waren 35 % (+9 %) der Meinung, die Entscheidungen sollten von den nationalen Regierungen gefällt werden, 11 % (+1 %) von der NATO, 41 % (-6 %) von der EU, 3 % (+1 %), von anderen, 11 % (-4 %) hatten keine Meinung.

Auf die Frage, ob über Fragen der Verteidigungspolitik die nationalen Regierungen oder gemeinsam innerhalb der EU entschieden werden soll, sprachen sich 58 % (+9 %) für die nationalstaatliche Entscheidungskompetenz aus, 37 % (-8 %) für die EU; 6 % (0) hatten keine Meinung.

Auf die entsprechende Frage über Fragen der Außenpolitik hingegen votierten 36 % (+6 %) für Entscheidungen auf nationalstaatlicher Regierungsebene, 57 % (-7 %) für die EU und 6 % (-1 %) waren unentschieden.

Auf die Frage nach Beibehaltung, Beschränkung oder Aufgabe des Vetorechts in bestimmten Bereichen, wollen 65 % das Vetorecht beibehalten, 18 % beschränken, 4 % aufgeben; 13 % sind unentschlossen.

Diese Ergebnisse spiegeln eine allgemeine Verschlechterung der Haltung der ÖsterreicherInnen der EU gegenüber – verglichen mit dem Vorjahr – wider, im längerfristigen Vergleich entspricht sie aber einer eher generell „distanzierten Haltung“:

„Compared to the previous year, 2002, Austrian attitudes towards the EU have deteriorated: 34 % consider Austria's EU membership 'a

good thing'. (19 % think it is a 'bad thing', 41 % cannot decide on either view); 41 % identify, all in all, advantages for Austria, (43 % do not). In general, the Austrian population perceives the EU's image more often positively than negatively: (27 % report that the EU has a 'very' or 'fairly' positive image, 25 % have negative impressions, 44 % are 'neutral'. An additional note seems appropriate. The rather distant attitude towards the EU has been the prevailing Austrian position over the past years. In this sense, the very positive opinions measured in Autumn 2002 were an exception rather than the rule."[110]

Bei der in den Bereichen der Außen- und Sicherheitspolitik sehr zurückhaltenden Haltung befindet sich Österreich – nicht überraschend – in der Gesellschaft der anderen neutralen Schweden, Finnland und Irland, aber auch Großbritanniens, das einer gemeinsamen EU-Verteidigung traditionell skeptisch gegenübersteht. Bei der Frage nach der präferierten Entscheidungskompetenz in der Verteidigungspolitik sind aber außer den Neutralen und Großbritannien noch Dänemark, Griechenland, Frankreich mehrheitlich der Meinung, diese sollte im nationalstaatlichen Rahmen und nicht innerhalb der Union erfolgen. Damit wäre immerhin die Bevölkerung einer knappen Mehrheit an Ländern gegen Entscheidungen innerhalb der EU; im Falle einer Abstimmung mit qualifizierter Mehrheitserfordernis ergäbe dies jedoch keine Mehrheit im Rat. Durch die Erweiterung 2004, bei der die Stimmgewichtung zugunsten der größeren EU-Mitglieder verändert wird, wird sich der Anteil der Gegner aller Voraussicht nach weiter verringern, da von den Beitrittsländern eine eher die gemeinsame Verteidigung befürwortende Position zu erwarten ist.

---

[110] Eurobarometer 59 (Spring 2003), Public Opinion in the European Union, National Reports, Compilation of the 15 National Executive Summaries, http:// europa.eu.int/comm/public_opinion/archives/eb/eb59/COMPILED_EB_N59.1%20EX ECUTIVE_SUMMARIES.pdf, 3, download 30.08.2004

10 Neutralität als Funktion der österreichischen Identität

Die sowohl in der Literatur[111] als auch bei Umfragen immer wieder angesprochene Funktion von Neutralität zur Bildung und Aufrechterhaltung der nationalen Identität Österreichs bzw. eines österreichischen Nationalbewußtseins läßt sich empirisch kaum erheben. Dennoch spricht einiges für diese These.

„Neutrality as a prerequisite fort he State Treaty is still, in part, an important element of Austrian national identity, an element that is linked to the image of stability, peace and political continuity of the Second Republic. In a certain way, neutrality is a symbol for everything that is connected with the successful foundation and history of the Second Republic."[112]

Gerade die Kritik, die seit Ende der siebziger Jahre bis zur Gegenwart immer wieder die Mythologisierung der österreichischen Neutralität betont, unterstreicht diese These, da Mythen, Legenden, gewonnene, aber auch verlorene Schlachten, Helden, usw. als kollektives Unterbewußtsein und damit als konstitutive Elemente des nation-building-Prozesses angesehen werden können. Bruckmüller[113] hat nachgewiesen, daß das historische Bewußtsein der ÖsterreicherInnen sehr stark auf die Zweite Republik konzentriert ist – mit wenigen Ausnahmen, die sich vor allem auf Einzelpersonen wie etwa Maria Theresia beschränken. Inwieweit dies auch auf Verdrängungsprozesse zurückzuführen ist, sei dahingestellt.

Die überwiegende Mehrzahl der Untersuchungen der letzten Jahrzehnte stimmen hinsichtlich des angenommenen Alters des österreichischen Nationalbewußtseins überein: In den meisten Fällen wird es

---

[111] Siehe dazu v.a. die Arbeiten von Bruckmüller, Haller, Botz, Müller und Müller-Funk

[112] Liebhart, Karin: Austrian Neutrality: Historical Development and Semantic Change, in: Kovàcs, Andràs; Wodak, Ruth (Hrsg.). NATO, Neutrality and National Identity: the case of Austria and Hungary, Wien 2003, 33

[113] Siehe dazu Bruckmüller Ernst: Österreich im 19. Jahrhundert - Der habsburgische Mythos, in: Flacke, Monika (Hrsg.): Mythen der Nationen. Ein europäisches Panorama, München-Berlin 2001, 269-294

als Produkt der Zweiten Republik interpretiert. Während 1965 noch 38 % der Befragten die Entstehung des österreichischen Nationalbewußtseins in die Zeit vor 1938 verlegten, waren es 1980 nur noch 23 % und 1987 18 %. Dagegen plädierten im Jahr 1965 40%, 1980 58 % und 1987 61% für die Zeit zwischen 1945 und 1955[114]. Ab den späten 1960er Jahren wird das Österreichbewußtsein im kollektiven Bewußtseinshalt so dominant, daß man ab dieser Zeit von einem österreichischen Nationalbewußtsein sprechen kann.

Österreich kann daher als relativ junge Nation angesehen werden, zu deren Ausbildung von Österreich-Bewußtsein – im Sinne eines Wir-Bewußtseins – und Identität sowohl der Staatsvertrag als auch die Neutralität entscheidenden Anteil hatten.[115]

„*Das Staatsvertragsjahr, der ‚annus mirabilis‘ 1955 hat endlich auch das positiv als gemeinsamen Erfolg zu interpretierende und somit nationsstiftende Ereignis geliefert. Später wurde freilich die ebenfalls 1955 (am 26. Oktober) im Nationalrat angenommene immerwährende Neutralität ein stärkeres ‘nationales’ Symbol österreichischer Eigenständigkeit als der Staatsvertrag. Es wird dies vielleicht auch mit dem ‘Tag der Fahne’ zusammenhängen, der 1955 (am 25. Oktober) und in den Folgejahren am 26. Oktober hauptsächlich in den Schulen gefeiert wurde, und zunächst zweifelsfrei viel eher die volle Selbständigkeit und Souveränität Österreichs zum Inhalt hatte als die Neutralität. Vor allem seit den 1970er Jahren trat freilich die Neutralität immer stärker im kollektiven Bewußtsein hervor.*“[116]

Botz und Müller führen noch eine weitere Perspektive an, die mit der Entwicklung der österreichischen Identität in engem Zusammenhang steht: das Bedürfnis nach Differenz.

---

[114] Bruckmüller, Ernst: Die Entwicklung des Österreichbewußtseins, in: Kriechbaumer, Robert (Hrsg.), Österreichische Nationalgeschichte nach 1945. Bd. 1: Die Spiegel der Erinnerung: Die Sicht von innen, Wien/Köln/Weimar 1998, 386

[115] ebd., 385

[116] ebd., 381

„Das Österreich der Jahre seit 1945 – so konnte man jedenfalls bis etwa 1990 ohne Einschränkung sagen – ist wie kaum eine andere Periode des Landes zuvor durch zwei persistente Merkmale charakterisiert: durch eine sich als eigenständig behauptende Identität und ein ausgeprägtes Bedürfnis nach betonter Differenz.“[117]

Das heißt, die Bildung und die Verstärkung von nationaler politischer Identität ist eng verbunden mit der Art und Weise und auch mit dem Ausmaß, in dem die Bevölkerung eines Landes einerseits die Unterschiede zwischen der gegenwärtigen Lage und der Vergangenheit, andererseits aber auch die Differenz zu anderen Staaten – hier ist in diesem Zusammenhang vor allem die Abgrenzung zu Deutschland wesentlich – perzipiert und evaluiert. Ersteres Argument unterstreicht auch Müller-Funk, wenn er feststellt, daß nicht die militärische Neutralität als solche, die Österreich Besetzung oder Spaltung ersparte, sondern die Begleiterscheinungen, wie zunehmende Prosperität, ein nie gekanntes Maß an Sicherheit, das Gefühl, davongekommen zu sein, aber auch der drückenden historischen Verantwortung entledigt zu sein, der Neutralität einen identitätsstiftenden Status verliehen hätte.[118]

Solange diese Konnotation zwischen Neutralität und Identität im Sinne von Wohlstand und Sicherheit im kollektiven Bewußtsein der ÖsterreicherInnen vorhanden ist – und nichts spricht dagegen, daß sich dies in absehbarer Zeit ändern könnte – werden sie nicht geneigt sein, sich von der Neutralität – formell – zu verabschieden:

„From the citizens perspective, Austrian neutrality did not loose its symbolic function and meaning and seems as ever to be connected with national sovereignty, sustainable peace, abstaining from military involvement and guaranteed security. The meaning of domestic, iden-

[117] Botz, Gerhard; Müller, Alfred: Identität und Differenz in Österreich. Zu Gesellschaftsgeschichte, Politik- und Kulturgeschichte vor und nach 1945, in: Österreichische Zeitschrift für Geschichtswissenschaften 6/1995, 1, 7.

[118] Müller-Funk, Wolfgang: Österreichische Identität und Neutralität, in: Österreichisches Studienzentrum für Frieden und Konfliktlösung (Hrsg.): Harmonie und Gewalt, Münster 1997

tity building function of neutrality did not decrease, although the international meaning of neutrality has changed."[119]

11 Die Entwicklung der Gemeinsamen Außen- und Sicherheitspolitik[120]

11.1 Die Anfänge

Der Prozeß der Europäischen Einigung begann zwar mit einer engeren wirtschaftlichen Zusammenarbeit der sechs EWG-Gründerstaaten, der EGKS-Vertrag vom 18. April 1951 sah jedoch bereits eine sogenannte „politische Finalität", also auch eine politische Integration, vor.

1954 scheiterte der Versuch einer Europäischen Verteidigungsgemeinschaft (EVG) am Widerstand der französischen Nationalversammlung ebenso wie Anfang der sechziger Jahre die beiden auf de Gaulles Initiative erstellten Fouchet-Pläne, von denen der erste eine Union der Europäischen Völker mit einer gemeinsamen Außen- und Verteidigungspolitik vorsah.

1969 griffen die Staats- und Regierungschefs der Mitgliedstaaten die Idee einer verstärkten außenpolitischen Zusammenarbeit auf dem Gipfel in Den Haag wieder auf.

11.2 Die Europäische Politische Zusammenarbeit

Durch den 1970 angenommenen Luxemburger Bericht wurde die Europäische Politische Zusammenarbeit (EPZ), die Vorläuferin der heu-

---

[119] Liebhart, Karin: Austrian Neutrality: Historical Development and Semantic Change, in: Kovàcs, Andràs; Wodak, Ruth (Hrsg.): NATO, Neutrality and National Identity: the case of Austria and Hungary, Wien 2003, 43

[120] Michal-Misak, Silvia: Gemeinsame Außen- und Sicherheitspolitik im Rahmen der Politischen Union der Europäischen Gemeinschaften, Unveröffentlichter Forschungsbericht, Forschungsprojekt des Fonds zur Förderung der wissenschaftlichen Forschung, Wien, Dezember 1992

tigen GASP, begründet. Als Ziele wurden eine bessere gegenseitige Verständigung über internationale Probleme durch regelmäßige Konsultationen, eine Harmonisierung der Standpunkte bzw. eine Abstimmung der Haltung sowie – falls möglich und wünschenswert – ein gemeinsames Vorgehen festgelegt. Die Struktur und Funktionsweise der EPZ mit dem Schwergewicht auf dem nationalstaatlichen Entscheidungsprozeß, spiegelte die Uneinigkeit innerhalb der EG-Staaten über die Ziele und Maßnahmen im Hinblick auf eine politische Integration wider. Trotz der Zweigleisigkeit von EPZ als intergouvernementalem Beratungsgremium und dem Außenministerrat, die im Laufe der Zeit durch die zunehmende Beteiligung der Kommission an der EPZ etwas abgeschwächt wurde, wurde in den folgenden Jahren immer wieder auf die Bedeutung der EPZ als Instrument zur Verwirklichung einer Politischen Union hingewiesen. Diese Politische Union sollte als zweite Säule neben der Wirtschafts- und Währungsunion (WWU) einer zukünftigen Europäischen Union fungieren. Mit dem Kopenhagener Bericht der Außenminister zur EPZ vom 23.07.1973 wurde die EPZ institutionell zwar weiter verfestigt, der grundsätzliche Widerstand einzelner EG-Mitglieder, allen voran Frankreichs, die nationalstaatliche Souveränität in diesem Bereich an eine supranationale Organisation abzutreten, blieb jedoch aufrecht.

Der Ende 1975 vom belgischen Premierminister Leo Tindemans vorgelegte Bericht über die Europäische Union unterstrich nicht nur die Bedeutung einer gemeinsamen Außenpolitik, sondern thematisierte erstmals auch die Notwendigkeit einer gemeinsamen Verteidigungspolitik. Der Entwurf wurde vom Europäischen Rat zwar zur Kenntnis genommen, eine konkrete Umsetzung unterblieb aber.

Die Unfähigkeit Westeuropas, gegenüber der sowjetischen Invasion in Afghanistan entsprechende Maßnahmen zu ergreifen, bildete den Hintergrund der Genscher-Colombo-Initiative Anfang der achtziger Jahre, von der einige Elemente in der feierlichen Deklaration zur Europäischen Union des Europäischen Rates in Stuttgart vom 19.06.1983 ihren Niederschlag fanden. In ihr bekundeten die Staats- und Regierungschefs der EG-Mitgliedstaaten ihren Willen zur Stärkung und zum Ausbau der EPZ. Erstmals wurde auch die Koordinierung in Fragen der Sicherheitspolitik ins Auge gefaßt, wenn auch begrenzt auf die politischen und wirtschaftlichen Aspekte der Sicherheit. Obgleich man um erhöhte Kohärenz zwischen den Politikbereichen bemüht war, blieb die Trennung zwischen EPZ und EG und das Fehlen jeglicher verbindlicher Beschlüsse aufrecht. Verteidigungs- und militärpolitische Fragen blieben ebenfalls noch ausgeklammert. Die EPZ bestand somit weiterhin ohne rechtliche Grundlage außerhalb des EG-Vertragstextes.

11.3 Die Einheitliche Europäische Akte (EEA)

Erst mit der Einheitlichen Europäischen Akte von 1986 erfolgte die vertragsrechtliche Ausgestaltung der EPZ. Mit der EEA wurden die in den Berichten von Luxemburg, Kopenhagen, London und in der feierlichen Deklaration zur Europäischen Union entwickelten Regeln ausdrücklich übernommen, das EPZ-Sekretariat von der Hauptstadt des jeweiligen Vorsitzes gelöst und dauerhaft in Brüssel angesiedelt. Erstmals wurden Verfahrensregeln für den EPZ-Bereich vertraglich festgelegt. Trotzdem änderte sich substantiell jedoch so gut wie nichts: Die Vertragsbestimmungen bestätigten die rechtliche und existentielle Trennung zwischen der Gemeinschaft und der EPZ und den bisherigen Abstimmungsmodus. Vage Formulierungen und allgemeine Absichtserklärungen ermöglichten großen Spielraum bei der Interpretation der Verpflichtungen der Mitgliedsstaaten.

Die Ereignisse in Mittel- und Osteuropa 1989 machten eine wirtschaftliche und sicherheitspolitische Neuordnung Europas deutlich; die Vereinigung der BRD und der DDR löste Befürchtungen eines politischen Machtzuwachses für das vereinte Deutschland aus. Deutschland ergriff jedoch selbst die Initiative zur Weiterentwicklung nicht nur der Wirtschafts- und Währungsunion, sondern auch der Politischen Union. Kohl und Mitterand schlugen daher im April 1990 gemeinsam Vertragsverhandlungen über die Politische Union vor, die parallel zur Konferenz über die WWU stattfinden sollte. Diese Kohl/Mitterand-Initiative fand jedoch aufgrund gegensätzlicher Auffassungen unter den EG-Mitgliedern wenig Widerhall: Einige wollten die gesamte Außen- und Sicherheitspolitik auf Gemeinschaftsebene verlagern, andere nur Bereiche, die vom EG-Gipfel oder vom Außenministerrat dazu bestimmt wurden. Noch weniger Übereinstimmung gab es bei den militärischen Aspekten der Sicherheitspolitik: Großbritannien, Irland und Dänemark wollten die militärische Dimension von der EG fernhalten.

Vor allem der Golfkrieg und die Krise in Ex-Jugoslawien haben die außenpolitische Handlungsunfähigkeit der Gemeinschaft deutlich gemacht. Dies wurde in erster Linie auf das Fehlen von Instrumenten für friedensfördernde und -schaffende Aktionen zurückgeführt. Einen weiteren Hintergrund für den Abschluß des Vertrages zur GASP bildete die These, daß es auf Dauer für eine Staatengemeinschaft nicht tragbar sei, die wirtschaftliche von der politischen Macht zu trennen. Diese Trennung weiter aufrechtzuerhalten, widerspreche sozusagen der Logik der Integrationsentwicklung.

11.4 Die vertragliche Fixierung der GASP

Durch den Maastrichter Vertrag vom Dezember 1991 über die Europäische Union wurde die EPZ zur Gemeinsamen Außen- und Sicherheitspolitik (GASP) und innerhalb der Europäischen Union verankert. Die im Unionsvertrag festgelegten Zielsetzungen und Instrumente der neuen GASP ersetzen die bisherigen Regelungen für die EPZ, wie sie in der EEA festgelegt waren. Die neuen Bestimmungen unterschieden sich in erster Linie von den Regelungen der EPZ dadurch, daß sie die bisherigen Koordinations- und Konsultationsverpflichtungen durch verbindliche Verfahren ersetzen. Im Hinblick auf eine gemeinsame Sicherheitspolitik sieht der Vertrag von Maastricht explizit eine gemeinsame Verteidigungspolitik vor, die Durchführung von Entscheidungen des Europäischen Rates, die Verteidigungsfragen betreffen, verbleibt jedoch bei der WEU.

11.5 Der Vertrag von Amsterdam

Durch den am 2. Oktober 1997 unterzeichneten Vertrag von Amsterdam werden die Petersberg-Aufgaben der WEU in den EU-Vertrag übernommen. Damit war die vertragliche Grundlage für den operativen Aufbau der GESVP gelegt und die Möglichkeit einer vollständigen Integration der WEU in die EU eröffnet.

Weiters hat die GASP eine Reihe von Fortentwicklungen erfahren. Durch den Vertrag wurde das Amt eines Hohen Vertreters für die Gemeinsame Außen- und Sicherheitspolitik geschaffen. Der Hohe Vertreter unterstützt die jeweilige Ratspräsidentschaft der EU in ihren Kontakten mit Drittstaaten. Er ist aufgrund seines Amtes Mitglied der sogenannten „Troika", der neben ihm der Außenminister des jeweiligen EU-Vorsitzes und der zuständige Vertreter der Kommission – in der Regel der für das jeweilige Thema zuständige Kommissar oder der Kommissionspräsident selbst – angehören.

Der Amsterdamer Vertrag führt mit der „Gemeinsamen Strategie" ein neues Rechtsinstrument der GASP ein. Während solche „Gemeinsamen Strategien" weiterhin nach dem Einstimmigkeitsprinzip beschlossen werden – der intergouvernementale Charakter der GASP bleibt hier weiter unverkennbar –, können Einzelentscheidungen zu ihrer Umsetzung mit qualifizierter Mehrheit getroffen werden. Auch wenn es bisher nur relativ selten zur Anwendung des Mehrheitsprinzips gekommen ist, ist damit ein konkreter Schritt in Richtung auf eine Durchsetzung dieses Prinzips auch in einem bisher weitgehend zwischenstaatlichen Bereich unternommen worden.

Weiteres Zeichen für den fortschreitenden Integrationsprozeß innerhalb der GASP ist die mit Amsterdam neu geschaffene Kompetenz des Rates zum Abschluß von Verträgen mit Drittstaaten sowie eine Regelung, die vorsieht, daß die Kosten von Maßnahmen im Bereich der GASP in der Regel aus dem EU-Haushalt zu tragen sind. Zuvor waren solche Maßnahmen von den beteiligten Staaten im Umlageverfahren finanziert worden.

Im Herbst 1998 initiierte der britische Premierminister Blair eine Debatte über die europäische Sicherheitspolitik. In seiner Erklärung von

Pörtschach vom Oktober 1998 stellte Blair die GASP erstmals in einen engen Kontext mit der NATO. Die Labour-Regierung unter Premierminister Blair machte damit deutlich, daß sie im Unterschied zu der konservativen Vorgängerregierung in der Sicherheitspolitik einen europafreundlicheren Kurs einzuschlagen gewillt war.

Am 4.12.1998 wurde in der Erklärung des französisch-britischen Gipfeltreffens von St. Malo die schnelle Umsetzung der Aufgaben und Ziele des Amsterdamer Vertrags unterstrichen, indem der Europäische Rat den schrittweisen Ausbau einer gemeinsamen Verteidigungspolitik im Rahmen der GASP beschließen sollte. Demzufolge sollten autonome Militärkapazitäten der EU aufgebaut werden, die NATO jedoch Grundlage der europäischen Sicherheit bleiben. Damit war der Weg frei für die Kölner Erklärung und die nachfolgende Entwicklung einer Gemeinsamen Europäischen Sicherheits- und Verteidigungspolitik (GESVP).

11.6 Der Rat von Köln 1999

Der Europäische Rat verabschiedete auf seiner Tagung am 3. und 4. Juni 1999 in Köln eine grundlegende Erklärung zur Stärkung der gemeinsamen Europäischen Sicherheits- und Verteidigungspolitik. Darin verpflichtet er sich, *„auf den Ausbau von wirksameren europäischen militärischen Fähigkeiten auf der Grundlage der bestehenden nationalen, binationalen und multinationalen Fähigkeiten hinzuwirken und zu diesem Zweck unsere eigenen Fähigkeiten zu stärken.“*[121] Dadurch könne die EU auf internationale Krisensituationen reagieren: *„Wir, die Mitglieder des Europäischen Rates, wollen entschlossen dafür eintreten, daß die Europäische Union ihre Rolle auf der internationalen Bühne uneingeschränkt wahrnimmt. Hierzu beabsichtigen wir, der Europäischen Union die notwendigen Mittel und*

---

[121] Anhänge zu den Schlußfolgerungen des Vorsitzes, Europäischer Rat Köln, 3. und 4. Juni 1999, Anhang III, Erklärung des europäischen Rates zur Stärkung der gemeinsamen Sicherheits- und Verteidigungspolitik, http://europa.eu.int/council/off/conclu/june99/annexe_de.htm#a3, download 28.08.2004

Fähigkeiten an die Hand zu geben, damit sie ihrer Verantwortung im Zusammenhang mit einer gemeinsamen europäischen Sicherheits- und Verteidigungspolitik gerecht werden kann".[122]

Weiter heißt es, daß die „Union die Fähigkeit zu autonomem Handeln" haben muß. Diese Autonomie bezieht sich im militärischen Bereich auf die Fähigkeit, Beschlüsse zu fassen und in den Fällen, in denen die NATO als Ganzes nicht beteiligt ist, als Reaktion auf internationale Krisen eigenständige EU-geführte militärische Operationen einleiten und durchführen zu können.

Die GESVP soll die EU befähigen, die im Amsterdamer Vertrag festgelegten Petersberg-Aufgaben (humanitäre Aufgaben und Rettungseinsätze, friedenserhaltende Aufgaben sowie Kampfeinsätze bei der Krisenbewältigung, einschließlich friedensschaffender Maßnahmen) bewältigen zu können. Dafür sollen militärische und zivile Fähigkeiten parallel und „ausgewogen" aufgebaut werden, letztere definiert durch die vier auf dem Europäischen Rat in Feira im Juni 2000 beschlossenen Prioritäten Polizei, Rechtsstaats- und Zivilverwaltungspersonal sowie Katastrophenschutzfähigkeiten.

Zentrales Ziel ist die Komplettierung und damit Stärkung der äußeren Handlungsfähigkeit der EU durch den Aufbau ziviler und militärischer Fähigkeiten zur internationalen Konfliktverhütung und Krisenbewältigung. Wenn die EU-Mitgliedstaaten auf diesen Feldern gemeinsam und erfolgreich handeln, würde dies identitätsbildend wirken und die Integration vertiefen. Die GESVP sei damit auch ein Schlüsselprojekt der weiteren europäischen Einigung.

11.7 Der Rat von Helsinki

Im Dezember 1999 wurde vom Europäischen Rat in Helsinki beschlossen, bis 2003 eine schnelle Eingreiftruppe, die im Rahmen der „Petersberg-Aufgaben" agieren soll, aufzubauen. Im Zentrum dieser Eingreiftruppe steht ein Kontingent von bis zu 60.000 Soldaten, das

[122] ebd.

in 60 Tagen mobilisiert und in einem Radius von 3.000 Kilometer mindestens 1 Jahr lang eingesetzt werden kann. Um einen reibungslosen Betrieb inklusive Logistik garantieren zu können, muß die Eingreiftruppe jedoch über insgesamt rund 180.000 Soldaten verfügen. Alle Entscheidungen über EU-geführtes Krisenmanagement werden vom Rat einstimmig mit der Möglichkeit einer konstruktiven Enthaltung getroffen.

11.8 Der Vertrag von Nizza

Der Vertrag von Nizza wurde am 26. Februar 2001 von den Außenministern der Mitgliedstaaten unterzeichnet und ist am 1.2.2003 in Kraft getreten.

Im Vertrag wurden Anpassungen vorgenommen, die den operativen Aufbau der GESVP als ein eigenständiges Projekt der Union anstelle der dafür ursprünglich geplanten WEU vorsehen. Diese Änderung bedeutete im wesentlichen, daß mit dem Inkrafttreten des Vertrags die Europäische Union zu einem Militärbündnis wird, auch wenn keine kollektive Beistandsgarantie vorgesehen ist.

Durch die neuen Vertragsbestimmungen gilt das Prinzip der qualifizierten Mehrheit zusätzlich für die Ernennung von Sonderbeauftragten der EU. An die Stelle des bisherigen Politischen Komitees tritt das neu geschaffene Politische und Sicherheitspolitische Komitee.

11.9 Der Gipfel von Thessaloniki Juni 2003 – eine neue Sicherheitsstrategie?

Der Gipfel von Thessaloniki beriet den ersten Entwurf einer umfassenden EU-Sicherheitsstrategie, mit deren Ausarbeitung der Hohe Vertreter der EU für die GASP, Javier Solana, beauftragt worden war. Ausgangspunkt dieser Initiative stellten die Erfahrungen des Irak-Kriegs dar, die – nicht zum ersten Mal – demonstrierten, wie gering die Handlungsfähigkeit der Union in der Außen- und Sicherheitspolitik ist.

Der vorgelegte Textentwurf „Ein sicheres Europa in einer besseren Welt“[123] stellt der Strategie eine Sicherheitsanalyse voran, die von drei Bedrohungsfeldern ausgeht: internationaler Terrorismus, Verbreitung von Massenvernichtungswaffen und in Auflösung begriffene („gescheiterte“) Staaten.

Damit die auf 25 erweiterte EU diese Bedrohungen bewältigen kann, sieht die Strategie drei Zielsetzungen vor, die darauf abzielen, die Stabilität der EU-Nachbarländer zu gewährleisten und eine auf einem Multilateralismus basierende internationale Ordnung zu schaffen, die von der EU und ihren Mitgliedsstaaten konkrete Verpflichtungen erfordern wird (Zusammenschluß der zivilen und militärischen Kapazitäten).

Die drei „strategischen“ Zielsetzungen lauten im Einzelnen:

- Die Sicherheitszone um die EU soll ausgedehnt werden
- Das internationale Recht und die internationalen Institutionen, insbesondere die Vereinten Nationen, sollen gestärkt werden
- Den Bedrohungen muß begegnet werden, indem vielschichtige und verschiedenartige Antworten entwickelt werden, wie z.B. Ausfuhrkontrollen, um die Verbreitung von Massenvernichtungswaffen zu bekämpfen; der Rückgriff auf Aufklärung und die Mittel der Militärpolitik, um den Terrorismus zu bekämpfen sowie der Einsatz wirtschaftlicher, militärischer und humanitärer Instrumente gegenüber zerfallenen Staaten.

Unterstrichen wird, daß – entgegen dem herkömmlichen Konzept der Selbstverteidigung, das bis zum Ende des Kalten Krieges galt und von der Gefahr einer Invasion ausging – bei den neuen Bedrohungen *„die erste Verteidigungslinie oftmals im Ausland liegen wird.“*[124] Jede dieser Bedrohungen erfordere ein „gemischtes“ Instrumentarium, wobei das gesamte außenpolitische Instrumentarium eingesetzt werden soll:

---

[123] http://www.uni-kassel.de/fb10/frieden/themen/Europa/solana-papier.html, download 28.08.2004

[124] ebd.

Handels- und Entwicklungspolitik, Diplomatie und als letztes Mittel auch den Einsatz militärischer Gewalt. Die Europäische Union setzt sich somit zum Ziel, präventiv zu agieren und zu früher, schneller und wenn nötig „robuster Intervention“ befähigt zu sein.

Die Handlungsfähigkeit der EU soll durch Erhöhung der Verteidigungsmittel, Herstellung von Synergien bereits vorhandener Kapazitäten, verstärktem Einsatz ziviler Mittel, Verbesserung der Koordination mit und zwischen den Mitgliedsländern und verstärkte Kooperation mit anderen „wichtigen Akteuren“ und Partnern verbessert werden.

Verabschiedet wurde die Europäische Sicherheitsstrategie am 13.Dezember 2003 vom Europäischen Rat im Rom.

11.10 GASP und GESVP im Vertrag über eine Verfassung für Europa[125]

Der Vertragsabschluß

Am 18. Juni 2004 einigten sich die 25 Staats- und Regierungschefs der EU-Mitgliedstaaten auf der Regierungskonferenz in Brüssel auf die endgültige Fassung des Vertrages über eine Verfassung für Europa. Der Vertrag war vom Europäischen Konvent vorbereitet und am 13. Juni 2003 verabschiedet worden. Eine endgültige Beschlußfassung durch die Staats- und Regierungschefs scheiterte jedoch zunächst im Dezember 2003 an Kontroversen über die künftige Zusammensetzung der EU-Kommission, über die Stimmengewichtung im Europäischen Rat sowie über die Frage der Ausweitung von Mehrheitsentscheidungen.

Der Vertrag enthält zahlreiche Innovationen, bleibt allerdings in wichtigen Fragen hinter dem Entwurf des Europäischen Konventes zurück.

---

[125] Konferenz der Vertreter der Regierungen der Mitgliedstaaten: Vertrag über eine Verfassung für Europa, Brüssel, den 6. August 2004, CIG 87/04, http://ue.eu.int/igcpdf/de/04/cg00/cg00087.de04.pdf, download 28.08.2004

Unterzeichnet wurde der Vertrag von den Staats- bzw. Regierungschefs schließlich am 29. Oktober 2004 in Rom.

Danach muß der unterzeichnete Text von jedem EU-Mitglied nach der in seiner Verfassung vorgeschriebenen Vorgehensweise ratifiziert werden. Je nach juristischer und geschichtlicher Tradition der einzelnen Länder unterscheiden sich die hierfür von den Verfassungen vorgesehenen Verfahren:

Parlamentarisches Verfahren: Der Text wird per Gesetz zur Ratifizierung einer mehrseitigen Übereinkunft von den nationalen Parlamenten angenommen (z.B. in Deutschland, Griechenland, Italien, Zypern, Tschechische Republik, Malta und Österreich).

Volksabstimmung: Die BürgerInnen werden in einer Volksabstimmung direkt aufgefordert, sich für oder gegen den Vertragstext auszusprechen (z.B. in Dänemark, Frankreich, Irland, Großbritannien, Portugal und Spanien). Je nach Land kann es Abweichungen von diesen beiden Verfahren oder aber Kombinationen derselben geben, beispielsweise wenn die Ratifizierung des Vertrags vorab eine Änderung der einzelstaatlichen Verfassung erforderlich macht.

Wenn der Vertrag ratifiziert ist und alle Unterzeichnerstaaten dies offiziell mitgeteilt haben, kann der Vertrag in Kraft treten und wirksam werden.

Nach den Erfahrungen mit den früheren Verträgen ist davon auszugehen, daß zwischen dem Abschluß der Regierungskonferenz, der Unterzeichnung des Vertrags und seinem Inkrafttreten ein bis zwei Jahre vergehen werden.

Gemeinsame Außen- und Sicherheitspolitik

Im folgenden werden die Bestimmungen der Verfassung für die Gemeinsame Außen- und Sicherheitspolitik sowie für die Gemeinsa-me Sicherheits- und Verteidigungspolitik dargestellt:

„Die Zuständigkeit der Union in der Gemeinsamen Außen- und Sicherheitspolitik erstreckt sich auf alle Bereiche der Außenpolitik sowie auf sämtliche Fragen im Zusammenhang mit der Sicherheit der

Union, einschließlich der schrittweisen Festlegung einer gemeinsamen Verteidigungspolitik, die zu einer gemeinsamen Verteidigung führen kann"[126], wenn sie vom Europäischen Rat einstimmig beschlossen wird (Art. I-41).

Der Europäische Rat bestimmt die strategischen Interessen und legt die Ziele bzw. die allgemeinen Leitlinien der GASP fest. Der Rat gestaltet die Politik im Rahmen der festgelegten strategischen Leitlinien (Art. I-40/Abs.2). Die dafür erforderlichen Beschlüsse, die Aktionen und Standpunkte sowie die Einzelheiten zu deren Durchführung werden von beiden Gremien erlassen (Art. III-294, Abs. 3).

Die Mitgliedstaaten tragen nicht nur dafür Sorge, daß die nationale Außenpolitik mit den Standpunkten der Union in Einklang steht (Art. III-298), sondern haben die Verpflichtung sowohl den Europäischen Rat bzw. den Rat über beabsichtigte Maßnahmen zu konsultieren als auch generell zu konvergentem und solidarischem Handeln (Art. I-40, Abs. 5). Zur Erhöhung der Konvergenz können Mitgliedstaaten im Rahmen der GASP für bestimmte Themen eine Verstärkte Zusammenarbeit begründen (Art. III-419, Abs. 2). *„Eine verstärkte Zusammenarbeit ist darauf ausgerichtet, die Verwirklichung der Ziele der Union zu fördern, ihre Interessen zu schützen und ihren Integrationsprozess zu stärken"* [127] und steht allen Mitgliedstaaten offen.

Der Außenminister[128]

Die europäische Außenpolitik wird durch einen Außenminister vertreten, der mit Zustimmung des Kommissionspräsidenten mit qualifizierter Mehrheit vom Europäischen Rat ernannt wird. Er leitet die GASP, führt gleichzeitig den Vorsitz im Rat „Auswärtige Angelegenheiten", ist einer der Vizepräsidenten der Kommission und ist in der Kommission für Außenbeziehungen mit der Koordination der übrigen

[126] ebd., 20

[127] ebd., 49

[128] Bei den Funktionsbezeichnungen wird die Männlichkeitsform der deutschen Vertragsfassung übernommen.

Aspekte des auswärtige Handelns der Union betraut (Art. I-28). Damit werden die Funktionen des Hohen Vertreters für die GASP und die in der Kommission angesiedelten Kompetenzen in diesem Bereich in einer Person zu vereint.

In Teilbereichen der GASP übt der Außenminister ein Initiativrecht entweder alleine oder in Zusammenarbeit mit der Kommission aus, führt den politischen Dialog mit Dritten und vertritt den Standpunkt der Union bei internationalen Organisationen und Konferenzen (Art. III-295). Zusätzlich wird die Rolle des europäischen Außenministers durch die Möglichkeit gestärkt, im Sicherheitsrat der Vereinten Nationen einen gemeinsamen Standpunkt der EU zu vertreten (Art. III-305).

Des weiteren hört und unterrichtet der Außenminister das Europäische Parlament zu den wichtigsten Aspekten und grundlegenden Weichenstellungen der GASP (Art. I-40, Abs. 8 und Art. III-304).

Zur Unterstützung des Außenministers soll ein Europäischer Auswärtiger Dienst eingerichtet werden (Art. III-295, Abs. 3).

Insgesamt sieht die Verfassung jedoch keine klaren Kompetenzabgrenzungen sowohl zum Amt des Präsidenten des Rates und zum Kommissionspräsidenten als auch zu den anderen Bereichen auswärtigen Handelns (Teil III, Kap. V) vor.

Entscheidungsverfahren

Generell unterliegen Europäische Beschlüsse im Rahmen der GASP auch in der beschlossenen Verfassung der Einstimmigkeit (Art. I-40/Abs. 6). Bei Stimmenthaltung ist ein Mitglied weder verpflichtet den Beschluß durchzuführen noch mitzufinanzieren. Enthält sich mindestens ein Drittel der Mitgliedstaaten, die mindestens ein Drittel der Unionsbevölkerung ausmachen, der Stimme, wird kein Beschluß gefaßt (Art. III-300/Abs. 1)

Vom Einstimmigkeitsprinzip kann abgewichen und zur qualifizierten Mehrheit übergegangen werden, wenn die in Teil III, Art. 300 Abs.1 genannten Voraussetzungen erfüllt sind.

Wenn ein Mitglied des Rates erklärt, daß es aus wichtigen nationalen Gründen, die es auch darlegen muß, die Absicht hat, einen mit qualifizierter Mehrheit zu fassenden Beschluß abzulehnen, so erfolgt keine Abstimmung. Der Rat kann mit qualifizierter Mehrheit verlangen, daß die Frage zur einstimmigen Beschlußfassung an den Europäischen Rat verwiesen wird.

Damit erfolgte im Bereich der GASP nur eine geringfügige Ausweitung der Mehrheitsentscheidungen und eine erhebliche Schranke zur Durchführung qualifizierter Mehrheitsentscheidungen wurde beibehalten.

Das Festhalten am Einstimmigkeitsprinzip in den Bereichen GASP und GESVP wurde bereits im Vorfeld der Beschlußfassung unter anderem von Deutschland und Luxemburg heftig kritisiert, wurde jedoch aufgrund des massiven britischen Widerstands gegen Mehrheitsbeschlüsse beibehalten. Dem Einwand Londons gegen die Schaffung eines EU-Außenministers wurde allerdings nicht Rechnung getragen.

Die Gemeinsame Sicherheits- und Verteidigungspolitik

Die Gemeinsame Sicherheits- und Verteidigungspolitik – als integraler Bestandteil der Gemeinsamen Außen- und Sicherheitspolitik – umfaßt die schrittweise Festlegung einer gemeinsamen Verteidigungspolitik der Union. die zu einer gemeinsamen Verteidigung führt, sobald der Europäische Rat darüber einstimmig beschlossen hat (Art. I-41, Abs. 2). *„Er* (der Europäische Rat, Anm.d.V.) *empfiehlt in diesem Fall den Mitgliedstaaten, einen Beschluß in diesem Sinne im Einklang mit ihren verfassungsrechtlichen Vorschriften zu erlassen.“*[129]

Die GESVP soll eine auf zivile und militärische Mittel gestützte Fähigkeit sichern, auf der bei Missionen außerhalb der Union in Übereinstimmung mit der UN-Charta zurückgegriffen werden kann (Art. I-41, Abs. 1). Diese Missionen umfassen gemeinsame Abrüstungsmaß-

---

[129] Konferenz der Vertreter der Regierungen der Mitgliedstaaten: Vertrag über eine Verfassung für Europa, Brüssel, den 6. August 2004, CIG 87/04, http://ue.eu.int/igcpdf/de/04/cg00/cg00087.de04.pdf, 45, download 31.08.2004

nahmen, humanitäre Aufgaben und Rettungseinsätze, Aufgaben der militärischen Beratung und Unterstützung, Aufgaben der Konfliktverhütung und der Erhaltung des Friedens sowie Kampfeinsätze im Rahmen der Krisenbewältigung einschließlich Frieden schaffender Maßnahmen und Operationen zur Stabilisierung der Lage nach Konflikten (Art. III-309, Abs. 1). *„Mit allen diesen Missionen kann zur Bekämpfung des Terrorismus beigetragen werden, unter anderem auch durch die Unterstützung für Drittländer bei der Bekämpfung des Terrorismus in ihrem Hoheitsgebiet.“*[130]

Die Durchführung einer Mission kann vom Rat einer Gruppe von Mitgliedstaaten übertragen werden.

Europäische Verteidigungsagentur

Zur verpflichtenden schrittweisen Verbesserung der militärischen Fähigkeiten der Mitgliedstaaten wird eine Europäische Agentur für Rüstung, Forschung und militärische Fähigkeiten eingerichtet, deren Aufgabe es ist, den operativen Bedarf zu ermitteln und Maßnahmen zur Bedarfsdeckung zu fördern, zur Ermittlung von Maßnahmen zur Stärkung der industriellen und technologischen Grundlage des Verteidigungssektors beizutragen und diese Maßnahmen gegebenenfalls durchzuführen, sich an der Festlegung einer europäischen Politik im Bereich der Fähigkeiten und der Rüstung zu beteiligen sowie den Rat bei der Beurteilung der Verbesserung der militärischen Fähigkeiten zu unterstützen (Art. I-41, Abs. 3).

Die Teilnahme an der Europäischen Verteidigungsagentur steht allen Mitgliedstaaten offen.

Entscheidungsverfahren

Europäische Beschlüsse zur Durchführung der GESVP einschließlich Beschlüsse über die Einleitung einer Mission werden einstimmig auf

---

[130] ebd., 243

Vorschlag des Außenministers der Union oder eines Mitgliedstaates erlassen (Art. I-141; Abs. 4).

Ständige Strukturierte Zusammenarbeit

Die Mitgliedsstaaten, die anspruchsvollere Kriterien in bezug auf militärische Fähigkeiten erfüllen und die im Hinblick auf Missionen festere Verpflichtungen eingegangen sind, begründen eine ständige strukturierte Zusammenarbeit im Rahmen der Union (Kap. I-41, Abs. 6).

Diese neue Form der Kooperation enthält eine Auflistung der Verpflichtungen, die ein teilnehmender EU-Mitgliedstaat einzugehen hat: Demnach haben die Teilnehmer vor allem höhere militärische Kapazitätskriterien zu erfüllen, Anstrengungen zur Erreichung bestimmter Interoperabilitätsziele zu unternehmen sowie im Rahmen von europäischen Beschaffungsprogrammen zu kooperieren. Das wichtigste Ziel dieser Zusammenarbeit ist, daß die teilnehmenden Staaten bis zum Jahr 2007 in der Lage sind, Verbände aufzustellen, die sich für schnelle Eingreifkräfte eignen und für anspruchsvolle Einsätze des Krisenmanagements bereit sind.[131]

Die österreichische Bundesregierung sowie alle österreichischen Parlamentsparteien unterstützen eine österreichische Beteiligung an der Ständigen Strukturierten Zusammenarbeit. Realistischerweise kann eine Beteiligung voraussichtlich erst zu einem späteren Zeitpunkt erfolgen, da die Kriterien vor allem hinsichtlich der erforderlichen Budgetmittel zur erforderlichen Angleichung des Verteidigungsinstrumentariums weder im Augenblick noch in naher Zukunft zur Verfügung stehen.[132]

---

[131] Konferenz der Regierungen der Mitgliedstaaten: 23. Protokoll über die ständige strukturierte Zusammenarbeit gemäß Artikel I-41 Absatz 6 und Artikel III-312 der Verfassung in: Addendum 1 zu Dokument 87/04, betr. Protokolle und Anhänge I und II zum Vertrag über eine Verfassung für Europa, Brüssel, den 6. August 2004, http://ue.eu.int/igcpdf/de/04/cg00/cg00087-ad01.de04.pdf, download 31.08.2004

[132] Heiss, Hubert: Was bringt der Entwurf der EU Verfassung im Bereich GASP und ESVP? http://www.oefz.at/fr/bilat/Bilateral2003/heiss.pdf, download 31.08.2004

Beistandsklausel

„Im Falle eines bewaffneten Angriffs auf das Hoheitsgebiet eines Mitgliedstaates müssen die anderen Mitgliedstaaten nach Artikel 51 der Charta der Vereinten Nationen alle in ihrer Macht stehende Hilfe und Unterstützung leisten Dies läßt den besonderen Charakter der Sicherheits- und Verteidigungspolitik bestimmter Mitgliedstaaten unberührt."[133]

Die neutralen Mitgliedstaaten verfaßten am 3. Dezember 2003 einen Brief an die EU, in dem um eine Umformulierung des Artikel 41/7 gebeten wurde, doch wurde die vorgeschlagene Version nicht berücksichtigt. Vielmehr wurde die Verpflichtung zum Beistand im Fall eines bewaffneten Angriffs auf einen Mitgliedstaat festgeschrieben.

Um die Befürchtungen österreichischer ExpertInnen zu entkräften, daß diese Beistandspflicht die EU zu einem Militärbündnis macht und dadurch in Widerspruch zum BVG über die österreichische Neutralität gerät, verwies das Außenministerium auf Artikel I-41/2, wo von der Bedachtnahme auf die „verfassungsrechtlichen Vorschriften" die Rede ist.[134] Ob diese Passage im Anlaßfall tatsächlich als „opting-out" aus der militärischen Beistandspflicht anwendbar ist, erscheint jedoch zweifelhaft. Selbst wenn dies vertragsrechtlich möglich wäre, ist es politisch in jedem Fall kaum von Vorteil.

Solidarität

Für den Fall von terroristischen Angriffen und von Natur oder Menschen verursachten Katastrophen im Hoheitsgebiet eines Mitgliedsstaates wurde eine Solidaritätsklausel verankert, die eine verpflichtende Unterstützung der anderen Mitgliedstaaten vorsieht (Kap. VIII, Art. II-329).

---

[133] Konferenz der Vertreter der Regierungen der Mitgliedstaaten: Vertrag über eine Verfassung für Europa, Brüssel, den 6. August 2004, CIG 87/04, http://ue.eu.int/igcpdf/de/04/cg00/cg00087.de04.pdf, 46, download 31.08.2004

[134] Der Standard, 10.04.2004

Außenministerin Benita Ferrero-Waldner begründete die Zustimmung der österreichischen Bundesregierung zur Solidaritätserklärung beim EU-Gipfel am 25./26. März 2004 in Brüssel, daß Österreich für Solidarität innerhalb Europas und für Neutralität außerhalb eintrete und daß der Beschluß auch Österreich mehr Sicherheit bringen werde. Österreich werde sich mit allen zur Verfügung stehenden Mitteln am Kampf gegen Terror beteiligen.[135]

Finanzierung

Maßnahmen im Rahmen der GASP sollen weiterhin über den Gemeinschaftshaushalt finanziert werden, Für Initiativen mit militärischem und verteidigungspolitischem Profil wird ein sogenannter Anfangsfonds gebildet, der das Vorgehen außerhalb der Verträge in einer Gruppe von Staaten ermöglichen soll.

Bewertung

Teil III/Kapitel II faßt erstmals die unübersichtlichen Maßnahmen und Tätigkeiten der Union im Rahmen der GASP zusammen. Die Instrumente der GASP werden auf Grundsätze und allgemeine Leitlinien sowie auf Beschlüsse über Aktionen und Standpunkte der Union. reduziert. Erstmals wird zwar auch die Sicherheits- und Verteidigungspolitik in einem eigenen Kapitel zusammengefaßt[136], die Verfahren als auch die Entscheidungsgrundlagen sowohl für die GASP als auch die ESVP sind jedoch wenig übersichtlich. So finden sich in Teil I bereits detaillierte Regelungen, die eindeutig in den operativen Teil III der Verfassung gehören.

Insgesamt bleibt die Verfassung nicht zuletzt aufgrund stark divergierender Positionen der Mitgliedstaaten in den Bereichen der GASP und GESVP hinter den hohen Erwartungen zurück. Gerade in diesem sensiblen Politikfeld wären klare und transparente Verfahren und Strukturen erforderlich. Der Text läßt nun zwar immer wieder weitreichen-

[135] Der Standard, 25.03.2004

[136] Teil III, Kapitel II, Abschnitt 3

de Ambitionen erkennen, greift jedoch insgesamt noch häufig auf den Status quo zurück. Die zahlreichen Wiederholungen für Teil I und Teil III der Verfassung unterstreichen das Fehlen einer kohärenten Konzeption. Weiters ist zu erwarten, daß die in der Verfassung festgeschriebene Einstimmigkeit für die GASP und die GESVP schnelle und effektive Entscheidungen auf EU-Ebene blockieren wird. In einer Union mit 25 oder mehr Mitgliedern wird in Politikbereichen, die der Einstimmigkeit unterliegen, kaum noch Bewegung oder Dynamik zu erzielen sein.

Die Zukunft der europäischen Außen- und Sicherheitspolitik hängt jedoch nicht nur von klaren Entscheidungsstrukturen und Institutionen ab, sondern ganz entscheidend, wie auch bisher, auch vom politischen Willen der Mitgliedstaaten, diese umzusetzen.

12 Zusammenfassung

Die immerwährende Neutralität Österreichs ist in einem spezifischen historischen Kontext entstanden und diente primär funktional zur Erlangung der territorialen Unabhängigkeit und Souveränität Österreichs, wenngleich sich durch die Bestimmungen des BVG über die immerwährende Neutralität und des V. Haager Abkommens bestimmte Einschränkungen der sicherheitspolitischen Optionen ergaben.

In weiterer Folge entwickelte sich, begünstigt durch äußere Rahmenbedingungen, die österreichische Neutralität als Basis einer aktiven Außenpolitik Österreichs, die durch Übernahme bestimmter Funktionen im internationalen System dem Kleinstaat Österreich internationale Anerkennung verlieh.

Die erfolgreiche Re-Integration im internationalen System, die Behauptung der Unabhängigkeit bei Krisen an Österreichs Grenzen in den 50er und 60er Jahren, die Rolle als Vermittler bei Konflikten und der Ausbau Wiens als Sitz internationaler Organisationen wurden in der Öffentlichkeit in hohem Ausmaß dem Status der Neutralität und einer erfolgreichen Neutralitätspolitik zugeschrieben. Dadurch hat die Neutralität eine identitätsstiftende Funktion zur Bildung eines österreichischen Nationalbewußtseins bekommen. Zusätzlich wurde sie noch als erfolgreiches Instrument der Sicherheit Österreichs, das aufgrund der geostrategischen Lage zwischen den beiden Blocksystemen besonders gefährdet war, angesehen, wenngleich sich dies später durch die Öffnung der sowjetischen und amerikanischen Archive als Mythos herausstellte.

Die zunehmende Verschlechterung des Ost-West-Verhältnisses Ende der 70er Jahre bedeutete einen signifikanten Bedeutungsverlust der Neutralen und damit eine Einschränkung ihrer bisherigen Vermittlungsinitiativen und anderer „guter Dienste" für die Staatengemeinschaft.

Demgemäß verlagerte sich die Schwerpunktsetzung der österreichischen Außenpolitik von ihrer einstmals globalen Ausrichtung auf die Mitwirkung am europäischen Integrationsprozeß.

Dies leitete eine Phase innenpolitischer Auseinandersetzungen über die österreichische Neutralität ein, die – angesichts der Entwicklung der Europäischen Union zu einer Politischen Union mit eigenständiger Außen- und Sicherheitspolitik – auch nach dem Beitritt Österreichs zur EU ihre Fortsetzung fand. Damit wurde die Neutralität zu einem Instrument der parteipolitischen Auseinandersetzungen im Zuge des innenpolitischen Machtkampfes. Die kontroversiellen Positionen zwischen Regierungsparteien und Opposition zwischen Beibehaltung der Neutralität versus Beitritt zu einem Militärbündnis mit Beistandsgarantie entwickelten sich angesichts der verfassungsrechtlichen Realität zu einem Scheingefecht: Durch Verfassungsänderungen, die ohne Befragung und Information der Bevölkerung zustande gekommen sind und mit einfacher Mehrheit im Nationalrat verabschiedet werden konnten, ist Österreich längst nicht mehr neutral, sondern bündnisfrei, der Gehalt der Neutralität auf seinen militärischen Restbestand reduziert.

Diese Verfassungsänderungen bedeuteten jedoch im wesentlichen nur eine Anpassung an die Praxis, da Österreich bereits frühere Bestandteile seiner Neutralität aufgegeben hatte. So ist es nunmehr verfassungsrechtlich gedeckt, daß das österreichische Bundesheer an friedensschaffenden Maßnahmen – auch mittels Kampfeinsätzen – mit einem Mandat der UNO oder der EU teilnehmen kann. Da diese größtenteils als „Polizeiaktionen“ gegenüber einem Aggressor bzw. als „humanitäre Interventionen“ und nicht als „Krieg“ definiert werden, tritt der Neutralitätsfall laut BVG nicht ein. Im Falle eines Beitritts zur NATO oder einer GESVP mit Beistandsgarantie ist diese Position nicht aufrechtzuerhalten. Dann müßte das BVG mit einer Zwei-Drittel-Mehrheit im Nationalrat aufgehoben und die Aufgabe des neutralen Status der Völkergemeinschaft notifiziert werden. Die strittige Frage, ob zur Aufhebung des BVG auch eine Volksabstimmung erforderlich wäre, ist demokratiepolitisch in jeden Fall zu bejahen, vor allem auch unter dem Gesichtspunkt, daß sich die Bundesregierung in Falle eines NATO-Beitritts zu einer Volksabstimmung verpflichtet hat.[137] Angesichts der öffentlichen Meinung in Österreich, die nicht nur beständig an der Neutralität festhalten will, sondern in noch größerem Ausmaß einen NATO-Beitritt ablehnt, ist eine Aufhebung des völkerrechtlichen Restbestands der Neutralität unrealistisch.

Welche Vor- bzw. Nachteile hat nun Österreich aufgrund seines völkerrechtlichen Status der Neutralität erfahren? Diese Frage läßt sich empirisch nicht schlüssig zu beantworten.

Da sich Neutralität im klassischen völkerrechtlichen Sinn immer auf einen Krieg oder kriegsähnlichen Zustand bezieht, kann festgestellt werden, daß sich Österreich seit 1955 in keinem Kriegszustand befunden hat. Neutralitätsverletzungen durch andere Staaten waren lediglich vereinzelt durch widerrechtliches Überfliegen des Staatsgebietes festzustellen.

Ob dies jedoch auf den Status der Neutralität zurückzuführen ist, kann jedoch daraus nicht eindeutig abgeleitet werden. Die „Vermittlerfunktion“, die das internationale Ansehen Österreichs zweifellos gestärkt hat, war einerseits zum überwiegenden Teil auf die internationalen Rahmenbedingungen zurückzuführen, andererseits ist die Effi-

---

[137] Siehe dazu Sicherheits- und Verteidigungsdoktrin, http://www.ab.bka.gv.at/bka/sicherheitspolitik/doktrin_d.pdf, 25.07.2003

zienz solcher „Guten Dienste“ im Sinne von Nachhaltigkeit schwer zu evaluieren. Wirtschaftlich hat Österreich – zumindest in einigen Phasen seiner Nachkriegsgeschichte – sicherlich von der Ansiedlung internationaler Organisationen profitiert.

Die Perzeption von Neutralität im allgemeinen – in erster Linie durch Großmächte – war und ist immer noch stark von internationalen Rahmenbedingungen beeinflußt. Dort, wo Neutralität im Interesse von Großmächten war, wurde sie geschätzt und unterstützt. Wenn sie als Nachteil und Störfaktor gesehen wurde, wurde sie diskreditiert.

Nach dem Beitritt zur Europäischen Union war es eher der innen- bzw. parteipolitische Diskurs, der die außenpolitische Verläßlichkeit und das Vertrauen in eine vorhersehbare Außen- und Sicherheitspolitik Österreichs bei den EU-Partnern stark untergraben hat. Dieser innenpolitische Diskurs spiegelt „blinde Flecken“ in der Wahrnehmung der Entwicklung der Europäischen Union, die Unsicherheit und Uneinigkeit der politischen Elite Österreichs über die zukünftige Sicherheitspolitik und die Rolle der Neutralität wider. Weiters macht dieser Diskurs, der größtenteils außerhalb der Öffentlichkeit stattfindet und auch über weite Strecken nicht der öffentlichen Meinung entspricht, die grundsätzliche Problematik deutlich, daß Neutralität fast ausschließlich im Kontext von (militärischer) Sicherheit und Sicherheitspolitik nur im Sinne von Beibehalten versus Aufgabe bzw. Bündnisbeitritt zu kollektiven Sicherheitssystemen mit Beistandsverpflichtung (WEU/NATO/GESVP) geführt wird.

Ein umfassender Sicherheitsbegriff, der Dimensionen politischer, wirtschaftlicher, ökologischer, sozialer und militärischer Stabilität umfaßt, bringt offenbar konzeptionelle wie auch politische Probleme mit sich: Konzeptionell umfasst ein solcher Sicherheitsbegriff in einer zunehmend globalisierten Welt zunehmende Bereiche (national)staatlicher Politik – Außenpolitik, Außenwirtschaftspolitik, Entwicklungspolitik, auswärtige Kulturpolitik, Umweltpolitik usw. [138] In der politischen Praxis könnte durch die Übernahme des erweiterten Sicherheitsbegriffs eine zumindest teilweise Übertragung dieser Aufgaben in den Zuständigkeitsbereich von militärischen Apparaten und Bündnissen zur Folge haben. Dies könnte wiederum die bereits bestehende Tendenz verstärken, daß vorrangig militärische Lösungen für primär nicht-militärische Probleme – Krisen und „Bedrohungen" – nicht nur ins Kalkül gezogen, sondern auch tatsächlich durchgeführt und finanzielle Mittel eher etwa für militärische Abwehr illegaler Immigration oder Terrorismusbekämpfung ausgegeben werden.

„Sicherheit" definiert sich im wesentlichen immer über ihr Gegenteil, also die Abwesenheit von Bedrohung und krisenhaften Entwicklungen auf den verschiedensten Ebenen. Mit dem Ende der Ost-West-Konfrontation und der „Neuen Unübersichtlichkeit" in den internationalen Beziehungen ergaben sich eine Fülle von neuen Krisen und Bedrohungen in den internationalen Beziehungen, die jedoch im Gegensatz zur ehemaligen „kommunistischen Bedrohung" keine Einheit schufen. Vielmehr sind die Länder der Europäischen Union aufgrund von unterschiedlichen historischen Erfahrungen, unterschiedlichen Selbstverständnissen und Statusunterschieden in der Weltpolitik von Krisen und Bedrohungen unterschiedlich betroffen, fühlen sich teilweise unterschiedlich betroffen und behalten sich immer noch das Recht vor, unterschiedlich zu reagieren, wie der Irak-Krieg anschaulich demonstrierte. Daran hat auch die Installierung einer Gemeinsamen Außen- und Sicherheitspolitik und einer Gemeinsamen Sicherheits- und Verteidigungspolitik noch nicht Wesentliches geändert.

Bedrohung verbleibt somit eine vorwiegend subjektive Kategorie – außer in „eindeutigen" Fällen von Kriegen durch Kriegserklärung oder anderen gewaltsamen Handlungen, die ein Recht auf Selbstverteidigung evozieren. Damit erhebt sich die Frage einer „objektiven"

---

[138] Siehe dazu auch Höll, Otmar: Außen- und Sicherheitspolitik, in: Neisser, Heinrich; Puntscher Riekmann, Sonja (Hrsg.): Europäisierung der österreichischen Politik. Konsequenzen der EU-Mitgliedschaft, Wien 2002, 369-397

Definition von Bedrohung. Jeder „Kriterienkatalog“ bliebe jedoch aufgrund der geschilderten Unterschiede der Staaten notgedrungen eine Einigung auf den kleinsten gemeinsamen Nenner. Gegenwärtig stehen die zahlreichen offiziellen Beschreibungen und Analysen der vielfältigen Sicherheitsrisiken für Europa und die Bemühung um die Entwicklung eines dafür angemessenen Instrumentariums in eklatantem Widerspruch zueinander. Der proklamierten Bekämpfung von Armut, die als eine der Hauptursachen für weltweite Probleme wie Migration, Umweltschäden, Drogenhandel und grenzüberschreitende Kriminalität gilt, steht etwa die Vernachlässigung bzw. der Rückgang der Entwicklungszusammenarbeit als Prävention für gewaltsame Konfliktaustragungen entgegen.

Die Prämisse, daß die Staaten der Europäischen Union in Zukunft vor außen- und sicherheitspolitischen Herausforderungen stehen, die alle gleichermaßen betreffen, macht eine gemeinsame Politik erforderlich und nicht nur eine Summe europäischer Sicherheitspolitiken. Ein wesentlicher Ansatzpunkt dafür wäre die Definition von gemeinsamen Interessen, aber auch die Analyse von unterschiedlichen Schwerpunktsetzungen und Interessensdivergenzen der einzelnen Mitgliedsländer, sowie der Verbindlichkeit von Stellungnahmen und Entscheidungen.

Eine Harmonisierung der Einzelpolitiken, eine gemeinsame Risikoanalyse, eine einheitliche europäische Außenpolitik und die Herausbildung einer Identität sicherheitspolitischer Interessen muß der Weiterentwicklung militärischer Institutionen vorausgehen, eine Reihenfolge, die auch in Maastrichter Vertrag vorgesehen ist.

Viele der als Bedrohung wahrgenommenen Sicherheitsrisiken sind nicht militärischer Natur und verlangen daher auch nach nichtmilitärischen Lösungen. Damit ist die ursprüngliche Legitimationsgrundlage der Militärbündnisse weitgehend in den Hintergrund getreten. Notwendige Polizeiaktionen könnten durchaus durch Freiwilligenheere bestritten werden, den politischen Willen ihrer Finanzierung vorausgesetzt.

Demgegenüber kann der Aufbau einer eigenständigen militärischen Kapazität sowohl vor dem Hintergrund einer schwachen europäischen Außenpolitik gesehen werden, der dadurch mehr Nachdruck verliehen werden soll, als auch der Verteidigung und Sicherung der wirtschaftlichen Macht, also der für den europäischen Wohlstand notwendigen Ressourcen. Daß die zivile Komponente des Konflikt- und Krisenmanagements kaum über oberflächliche Rhetorik hinausgeht, scheint daher kein Zufall zu sein. Das vom Europäischen Rat in Göteborg im Juni 2001 verabschiedete Programm zur Verhütung gewaltsamer Konflikte soll die Fähigkeit der Union verbessern, in kohärenter Weise Frühwarnung zu betreiben, Analysen durchzuführen und Maßnahmen zu treffen. Konfliktverhütung wird als eines der Hauptziele der Außenbeziehungen bezeichnet und soll in alle relevanten Aspekte - der Entwicklungszusammenarbeit, des Handels, einschließlich der GESVP - integriert bzw. durch die Ressourcen der GESVP erst ermöglicht werden. In einer durchwegs kritischen Stellungnahme des Europäischen Parlaments[139] wird auf institutionelle Mängel, mögliche Zielkonflikte zwischen einzelnen Politikbereichen, mangelnde Kohärenz zu nationalstaatlichen Politiken hingewiesen und erneut die Einrichtung eines Europäischen Zivilen Friedenscorps sowie eine verstärkte Kooperation mit der OSZE gefordert. Diesen Forderungen wurde bislang nicht entsprochen.

Tendenzen, die internationale Bedeutung eines Staates bzw. einer Staatengemeinschaft, und damit auch der EU, an ihrer militärischen Schlagkraft zu messen, wie dies in den USA derzeit die vorherrschende Meinung ist und dadurch eine Militarisierung der EU voranzutreiben, stehen im Widerspruch zum Selbstverständnis des „Friedensprojekts“ EU.

---

[139] Europäisches Parlament, Ausschuß für auswärtige Angelegenheiten, Menschenrechte, gemeinsame Sicherheit und Verteidigungspolitik: Bericht über die Mitteilung der Kommission zur Konfliktprävention (KOM(2001) 211. C5-0458/2001. 2001/2182(COS)), endgültig A5-0394/2001, 9. November 2001, http://www.bits.de/CESD-PA/Lagendijk_d.pdf, download 31.08.2004

Daher muß die Suche nach neuen Mitteln und Wegen für Konfliktlösungen forciert werden, die ein Zurückgreifen auf militärische Maßnahmen so weit wie möglich erübrigen. Gegenwärtig liegt der Schwerpunkt der Aktivitäten der Europäischen Union – noch – auf dem Gebiet des politischen und diplomatischen Konfliktmanagements. Diese Optionen müssen ebenso gestärkt und weiterentwickelt werden wie auch die politischen, ökonomischen und gesellschaftlichen Instrumente und Strategien zur Krisenverhütung und Gewaltprävention.

In diesem Sinne sollte Österreich – gemeinsam mit den anderen neutralen bzw. bündnisfreien Staaten – in die GASP eine besondere Gesinnung zu gewaltfreier Konfliktbearbeitung einbringen, die geeignet wäre, der europäischen Politik eine neue Qualität zu verleihen. Österreich könnte dadurch international an Achtung gewinnen, einen Beitrag zu seiner eigenen und zur Sicherheit anderer beitragen und auch den oft kritisierten Status eines militärischen „Trittbrettfahrers"[140] beibehalten.

Dazu bedarf es einer selbstbewußten Neutralitätspolitik, die die Aufwertung internationaler Organisationen, die Unterstützung von Früherkennung und Vermittlung in potentiell gewaltsamen Konflikten, die Förderung ökonomischer und sozialer Stabilität in möglichen Krisenregionen durch politische Instrumente und Entwicklungszusammenarbeit sowie kooperative Maßnahmen für Umweltschutz, Abrüstung usw. umfasst und sich für die Anerkennung von Völker- und Selbstbestimmungsrecht sowie von Minderheiten- und Menschenrechten mit den Instrumenten der Diplomatie, der Wirtschafts- und Sozialhilfe, der Umwelt- und Entwicklungspolitik einsetzt.

In jedem Fall sollte über die zukünftige Rolle und Funktion der österreichischen Neutralität eine breite Diskussion und ein intensiver Dia-

---

[140] Siehe dazu Luif, Paul: Der Wandel der österreichischen Neutralität: ist Österreich ein sicherheitspolitischer Trittbrettfahrer? Arbeitspapiere Österreichisches Institut für Internationale Politik,18, Laxenburg 1998

log mit bzw. unter der Bevölkerung geführt werden – ein Dialog, der lange vernachlässigt worden ist. Da sich der Österreich-Konvent dieser Frage aus nicht nachvollziehbaren Gründen nicht annahm, könnte ein „Neutralitäts-Konvent“ die oben angeführten Problembereiche im Kontext der österreichischen Neutralität diskutieren und eine Art „Neutralitätsdoktrin“ erstellen. Dieser Neutralitäts-Konvent müßte aus TeilnehmerInnen aus allen gesellschaftlich relevanten Bereichen – Expertinnen aus Politik, Wirtschaft, Medien, Wissenschaft, Kirchen, etc. – mit ausgewogenem Geschlechter- und Altersverhältnis zusammengesetzt sein. Die Ergebnisse der Diskussion müßten regelmäßig auch der breiten Öffentlichkeit zugänglich gemacht werden, sodaß im Falle einer Volksabstimmung eine umfassende Information mit allen Optionen und Szenarien der gesamten Bevölkerung gewährleistet ist.

Wirtschaftliche Auswirkungen der österreichischen Neutralität

B

Gegenstand dieses Abschnitts ist es zu analysieren, wie sich die ökonomische Situation Österreichs vor dem Hintergrund des derzeitigen Status der österreichischen Neutralität darstellt und wie diesbezügliche Perspektiven aussehen könnten.

In diesem Zusammenhang ist die Beantwortung folgender Fragen konkret von Interesse:

- Hat sich die österreichische Neutralität auf die bisherige wirtschaftliche Entwicklung ausgewirkt?
- Wie hätte die wirtschaftliche Entwicklung verlaufen können, wenn Österreich nicht neutral gewesen wäre?
- Stellt es sich für Österreich als hinderlich dar, am Status der Neutralität festzuhalten?

13 Ökonomische Rahmenbedingungen der österreichischen Neutralität

Zunächst steht die Analyse der Stellung des betrachteten Systems und die damit zusammenhängende Identifizierung relevanter Perspektiven im Vordergrund.

Die ökonomischen Aspekte von Österreichs Neutralität sind aus Sicht des politischen Systems des Landes und seiner Wirtschaft sowie aus Sicht seiner Bürger zu betrachten. Die österreichische Wirtschaft wiederum kann aus der Perspektive einheimischer Unternehmen, ausländischer, in Österreich ansässiger Unternehmen bzw. potentieller (ausländischer) Investoren gesehen werden. Gleichermaßen sind in die Betrachtung die Sichtweisen übergeordneter Organisationen, wie der EU, der NATO und der internationalen Staatengemeinschaft einzubeziehen.

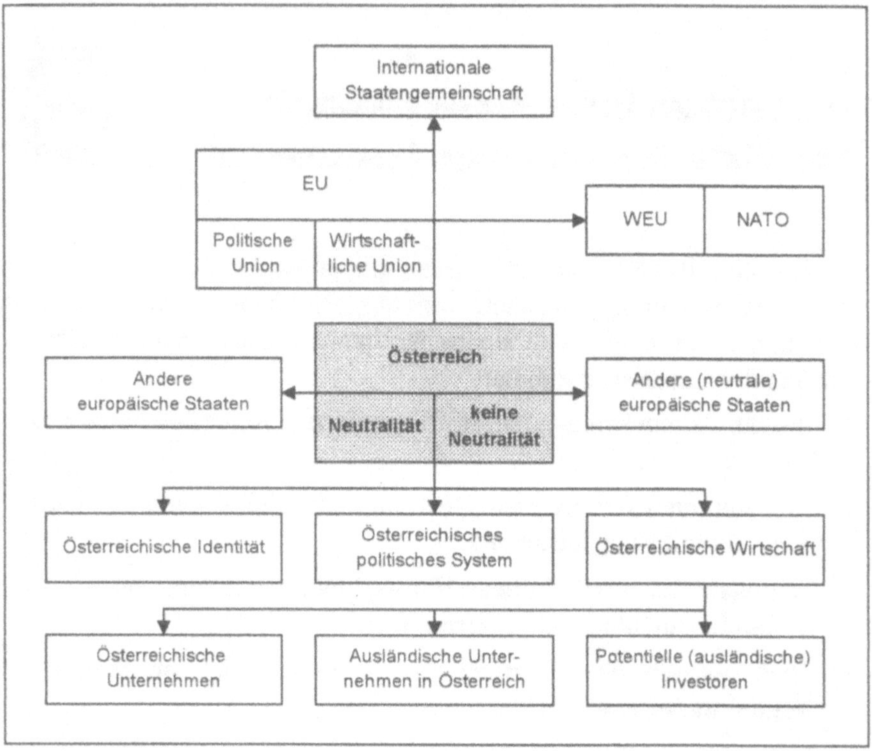

Abbildung 13-1 *Österreich und sein politisches und wirtschaftliches Umfeld*

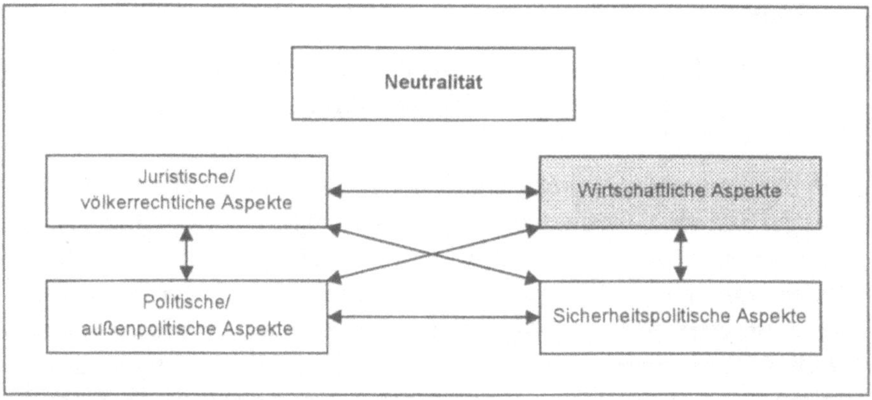

Abbildung 13-2 *Aspekte der Neutralität*

Die wirtschaftlichen Aspekte der österreichischen Neutralität und deren Auswirkungen stellen sich wie folgt dar:

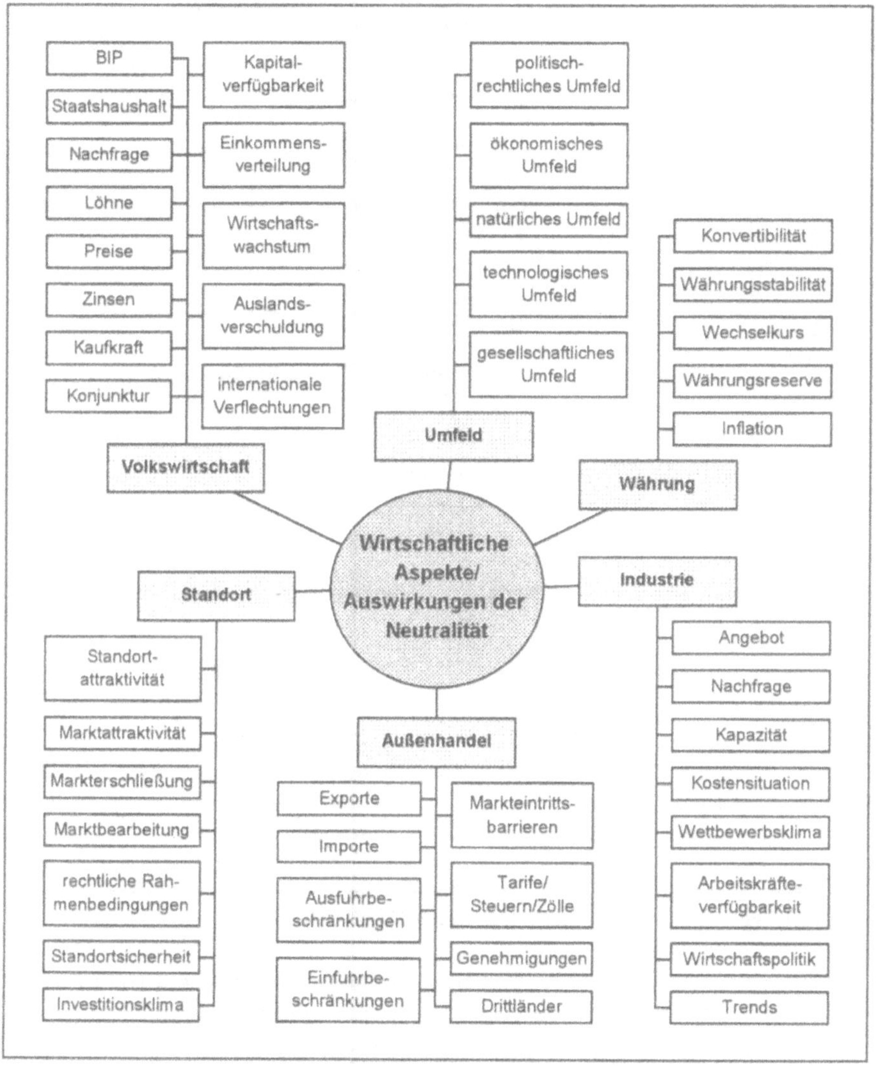

Abbildung 13-3 *Wirtschaftliche Aspekte/Auswirkungen der Neutralität*

Die Zusammenhänge der wichtigsten Faktoren aus der obigen Darstellung zeigen sich in ihren wesentlichen Wirkungsweisen wie folgt:

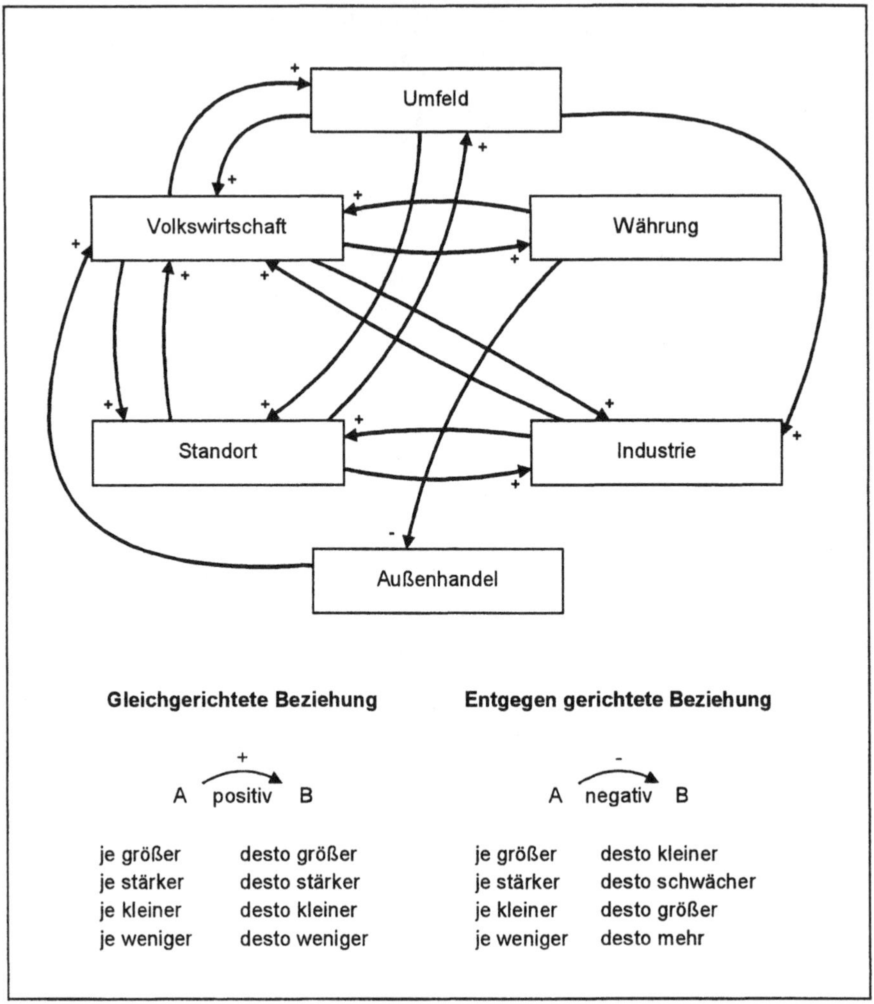

***Abbildung 13-4** Zusammenwirken des wesentlichen Faktoren*

Neben den grundlegenden Wirkungszusammenhängen werden auch die Wirkungsrichtungen wiedergegeben, wobei in diesem Kontext eher von mittel- bis langfristigen Wirkungen auszugehen ist.

Ausgehend von der Darstellung der Zusammenhänge werden in der Folge die Intensitäten der einzelnen Wirkungszusammenhänge bewertet. Dabei läßt sich vermuten, daß die Volkswirtschaft an sich den größten Einfluß auf die übrigen in die Betrachtung einbezogenen Faktoren hat und gleichzeitig der seinerseits am stärksten beeinflußte Faktor ist.

Im Anschluß an die Analyse der Zusammenhänge der Einflußfaktoren werden in einem weiteren Schritt deren Wirkungsintensität bewertet. Dabei geht es um eine Einschätzung, wie stark die einzelnen Faktoren tatsächlich aufeinander wirken. Es kann von folgenden Wirkungsintensitäten ausgegangen werden:

	Umfeld	Volkswirtschaft	Standort	Industrie	Außenhandel	Währungen	Zeilensumme
Umfeld	x	2	3	2	0	0	7
Volkswirtschaft	1	x	2	2	1	3	9
Standort	1	1	x	3	0	0	5
Industrie	0	3	1	x	0	0	5
Außenhandel	0	2	0	0	x	1	3
Währung	0	2	0	0	2	x	4
Spaltensumme	2	10	6	7	3	4	x

Bewertung von 0 = keine oder sehr geringe Wirkung bis 3 = sehr starke Wirkung

Hohe Zeilensummen bedeuten, daß der betreffende Faktor alle übrigen Faktoren stark beeinflußt. Hohe Spaltensummen drücken eine hohe Abhängigkeit eines Faktors von den anderen Faktoren aus.[139]

Tabelle 13-1 *Bewertung der Wirkungsintensitäten*

Im nächsten Schritt werden die Ergebnisse der Analyse der Wirkungsintensitäten in kritische, aktive, reaktive und träge Faktoren[140] kategorisiert. Dabei ergibt sich folgendes Bild:

---

[139] Die Wirkungsmatrix beruht auf dem von Vester und v. Hesler entwickelten Sensivitätsmodell in Vester, Frederic; v. Hesler, Alexander: Sensivitätsmodell, Frankfurt 1980.

[140] vgl. Vester, Frederic; v. Hesler, Alexander: Sensivitätsmodell, Frankfurt/M. 1980

Aus der obigen Darstellung der Wirkungsintensitäten resultieren für die einzelnen Faktoren folgende Koordinaten (Zeilensumme aus der Tabelle = Abszissenwert, Spaltensumme = Ordinatenwert):

- Umfeld (7;2)
- Standort (5;6)
- Außenhandel (3;3)
- Volkswirtschaft (9;10)
- Industrie (4;7)
- Währung (4;4)

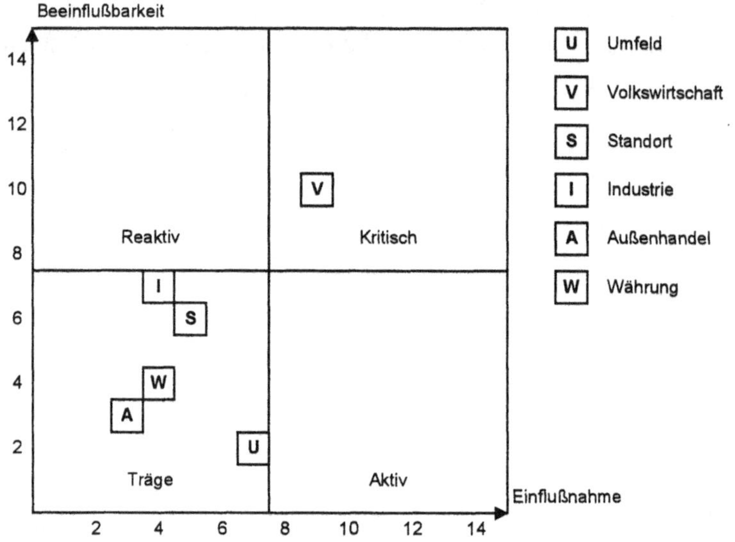

Kritische Faktoren wirken stark auf andere Faktoren und werden selbst auch stark von anderen Faktoren beeinflußt. Sie sind daher als eine Art „Initialzündung" geeignet. Steuerungseingriffe sollten hierbei jedoch äußerst vorsichtig vorgenommen werden, da durch unkontrolliertes Aufschaukeln auch das gesamte System aus dem Gleichgewicht gebracht werden kann.

Auch **aktive Faktoren** wirken stark auf andere Faktoren, werden allerdings selbst weniger von anderen Faktoren beeinflußt. Steuerungseingriffe sollten hier ebenfalls vorsichtig erfolgen, da dies (mitunter unvorhergesehene) Auswirkungen auf das System nach sich ziehen kann.

Reaktive Faktoren beeinflussen anderen Faktoren nur schwach, werden aber selbst stark von anderen Faktoren beeinflußt. Steuerungseingriffe bei diesen Faktoren haben im allgemeinen keine nennenswerten Auswirkungen auf das System. Diese Faktoren eignen sich jedoch gut, um Auswirkungen von Steuerungseingriffen bei anderen Faktoren einzuschätzen.

Träge Faktoren wirken nur schwach auf andere Faktoren und werden auch nur wenig von diesen beeinflußt. Eingriffe bei solchen Faktoren beinhalten ein relativ geringes Risiko und können gut überschaubare Veränderungen bei anderen Faktoren bewirken.

Abbildung 13-5 *Analyse der Wirkungsintensitäten – Intensitäts-Portfolio*

Die Volkswirtschaft in ihrer Gesamtheit stellt sich als „kritischer“ Faktor dar, der großen Beeinflussungen aller anderen Faktoren unterliegt, seinerseits diese wiederum stark beeinflußt. Die übrigen Faktoren (Umfeld, Standort, Industrie, Außenhandel, Währung) erweisen sich als sogenannte „träge“ Faktoren, die ihrerseits mäßig beeinflußt werden und beeinflussen. Dabei zeigt die Industrie eine Tendenz zum reaktiven Bereich, d.h., sie wird tendenziell relativ stark beeinflußt. Das Umfeld wiederum weist eine Tendenz zum aktiven Bereich auf, d.h., es wirkt tendenziell stark auf die anderen Faktoren.

Die ökonomische Betrachtung der österreichischen Neutralität läßt sich entlang der folgenden Dimensionen rekonstruieren.

<table>
<tr><th></th><th colspan="6">Dimensionen</th></tr>
<tr><td>Art der Neutralität</td><td colspan="3">de jure</td><td colspan="3">de facto</td></tr>
<tr><td>Argumente für/gegen Neutralität</td><td colspan="3">pro</td><td colspan="3">contra</td></tr>
<tr><td>Grundsätzliche Möglichkeiten</td><td colspan="3">Neutralität</td><td colspan="3">keine Neutralität</td></tr>
<tr><td>Zeitrahmen</td><td colspan="2">früher</td><td colspan="2">jetzt</td><td colspan="2">künftig</td></tr>
<tr><td>Fristigkeiten</td><td colspan="2">kurzfristig</td><td colspan="2">mittelfristig</td><td colspan="2">langfristig</td></tr>
</table>

Tabelle 13-2 *Dimensionen der Neutralität*

Die mehrdimensionale Betrachtung der österreichischen Neutralität legt die Analyse der unterschiedlichen Entwicklungsmöglichkeiten in Form von Szenarien nahe. Dabei geht es um die Erfassung einer komplexen Situation anhand der gegenwärtig verfügbaren Informationen. Erwartungsgemäß ist die Aufstellung von Szenarien von Unsicherheiten gekennzeichnet. Aufgrund dessen ist es angeraten, die Überlegungen nicht auf einem einzigen Szenario basieren zu lassen. Im Sinne dessen könnte sich – hypothetisch betrachtet – die Entwicklung ökonomischer Aspekte optimistisch, pessimistisch und wahrscheinlich wie folgt darstellen.

Umwelt-segement	Schlüssel-faktor	Entwicklungen/Trendaussage: Im Falle der weiter-bestehenden Neutralität	Entwicklungen/Trendaussage: Im Falle keiner Neutralität
Umfeld	Politisches Umfeld	O) bleibt gleich P) geringfügig verschlechtert W) bleibt gleich	O) geringfügig verbessert P) bleibt gleich W) bleibt gleich
	Ökonomisches Umfeld	O) bleibt gleich P) geringfügig verschlechtert W) bleibt gleich	O) besser P) bleibt gleich W) besser
	Gesellschaftliches Umfeld	O) bleibt gleich P) bleibt gleich W) bleibt gleich	O) bleibt gleich P) verschlechtert W) Akzeptanz nach Anlaufphase
Volkswirtschaft	Internationale Verflechtungen	O) bleibt gleich P) Verschlechterung möglich W) bleibt gleich	O) werden besser P) bleibt gleich W) werden besser
	Konjunktur	O) bleibt gleich P) bleibt gleich W) bleibt gleich	O) wird belebt P) bleibt gleich W) bleibt gleich
	Wirtschafts-wachstum	O) bleibt gleich P) bleibt gleich W) bleibt gleich	O) wird belebt P) bleibt gleich W) bleibt gleich
	Nachfrage	O) bleibt gleich P) bleibt gleich W) bleibt gleich	O) steigt P) bleibt gleich W) steigt
Standort	Standort-attraktivität	O) bleibt gleich P) bleibt gleich W) bleibt gleich	O) höher P) bleibt gleich W) höher
	Investitionsklima	O) bleibt gleich P) bleibt gleich W) bleibt gleich	O) besser P) bleibt gleich W) besser
	Standort-sicherheit	O) bleibt gleich P) bleibt gleich W) bleibt gleich	O) bleibt gleich P) bleibt gleich W) bleibt gleich
O) Optimistisches Szenario P) Pessimistisches Szenario W) Wahrscheinliches Szenario			

***Tabelle 13-3** Mögliche Entwicklung ökonomischer Aspekte*

In die obigen Überlegungen sind folgende ökonomische Frühwarnindikatoren zur Erkennung krisenhafter Entwicklungen einzubeziehen:

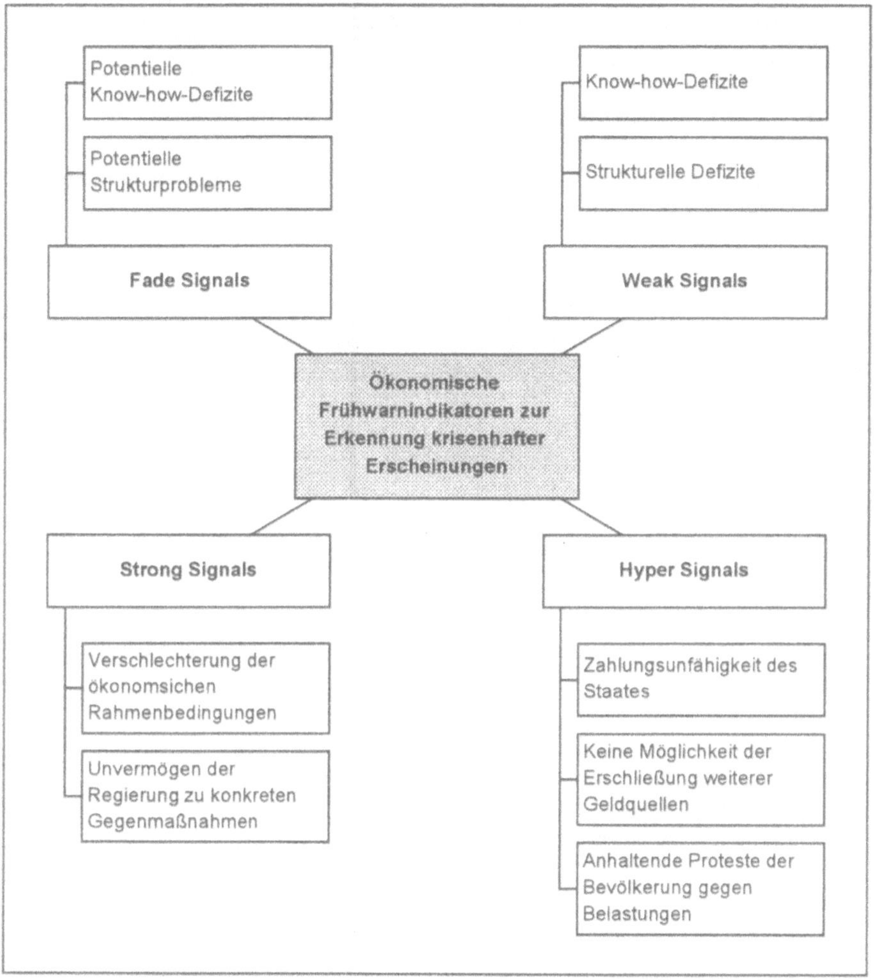

***Abbildung 13-6** Ökonomische Frühwarnindikatoren zur Erkennung krisenhafter Erscheinungen*

Schließlich ist es bei der Bewertung der ökonomischen Auswirkungen der Neutralität bzw. einer etwaigen künftigen Nicht-Neutralität von Interesse, die Steuerbarkeit der gegenständlichen Faktoren zu untersuchen. Dabei ergeben sich verschiedene Steuerungsmöglichkeiten.

Welche Faktoren können wesentlich beeinflußt werden?		
• politisches Umfeld • ökonomisches Umfeld • internationale Verflechtungen • Konjunktur • Wirtschaftswachstum • Nachfrage • Standortattraktivität • Investitionsklima • Standortsicherheit	⇒	***steuerbare Faktoren***
Bei welchen dieser steuerbaren Faktoren kann mit Hilfe vertretbarer Mittel eine entsprechend starke positive Wirkung erzielt werden?		
• Konjunktur • Wirtschaftswachstum • Nachfrage • Standortattraktivität • Investitionsklima	⇒	***wirksam steuerbare Faktoren***
Welche der Faktoren können nicht oder nur unwesentlich beeinflußt werden?		
• gesellschaftliches Umfeld	⇒	***nicht steuerbare Faktoren***
Welche Faktoren können in diesem Zusammenhang frühzeitig Veränderungen im Umfeld anzeigen und somit als Frühwarnindikatoren dienen?		
• Know-how-Defizite • strukturelle Probleme • Verschlechterung der ökonomischen Rahmendaten und fehlende Gegensteuerung • Zahlungsunfähigkeit des Staates und keine Möglichkeit der Erschließung weiterer Geldquellen	⇒	***Frühwarnindikatoren***

Tabelle 13-4 *Steuerungsmöglichkeiten*

Über die bisherigen Analysen hinaus sind in die generellen Betrachtungen des Umfelds der Neutralität Österreichs die gesellschaftlichen und politischen Verhältnisse einzubeziehen. Dies kann dazu dienen, mögliche Veränderungen innerhalb der jeweiligen Teilbereiche (siehe nachfolgende Abbildung) zu identifizieren, um schließlich weitere bzw. zu erwartende (indirekte) Auswirkungen auf die ökonomischen Aspekte feststellen zu können.

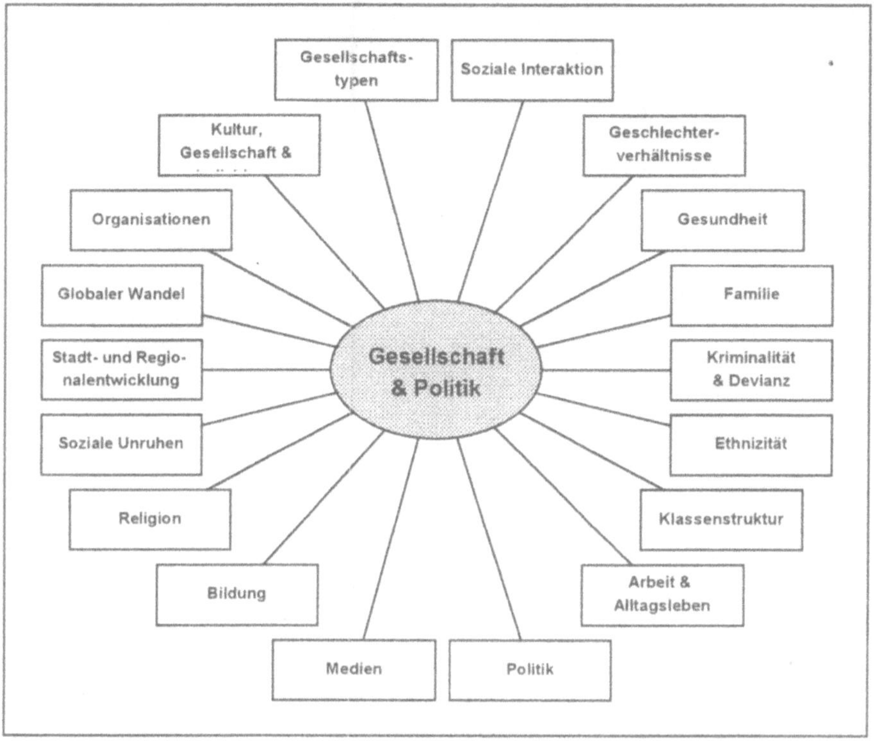

Abbildung 13-7 Bereiche der Gesellschaft – Gestaltungsfelder der Politik

14 Analyse und Prognose der volkswirtschaftlichen Entwicklung vor dem Hintergrund der Neutralität bzw. Nicht-Neutralität

14.1 Ökonomische Indikatoren und ihre Zusammenhänge

Im nächsten Schritt sollen wichtige volkswirtschaftlichen Indikatoren[141] und ihre möglichen Veränderungen im Zusammenhang mit den Perspektiven der Neutralität Österreichs im einzelnen untersucht werden.

---

[141] Vgl. dazu auch „21 Ökonomische Eckdaten – Österreich im internationalen Vergleich“ im Anhang

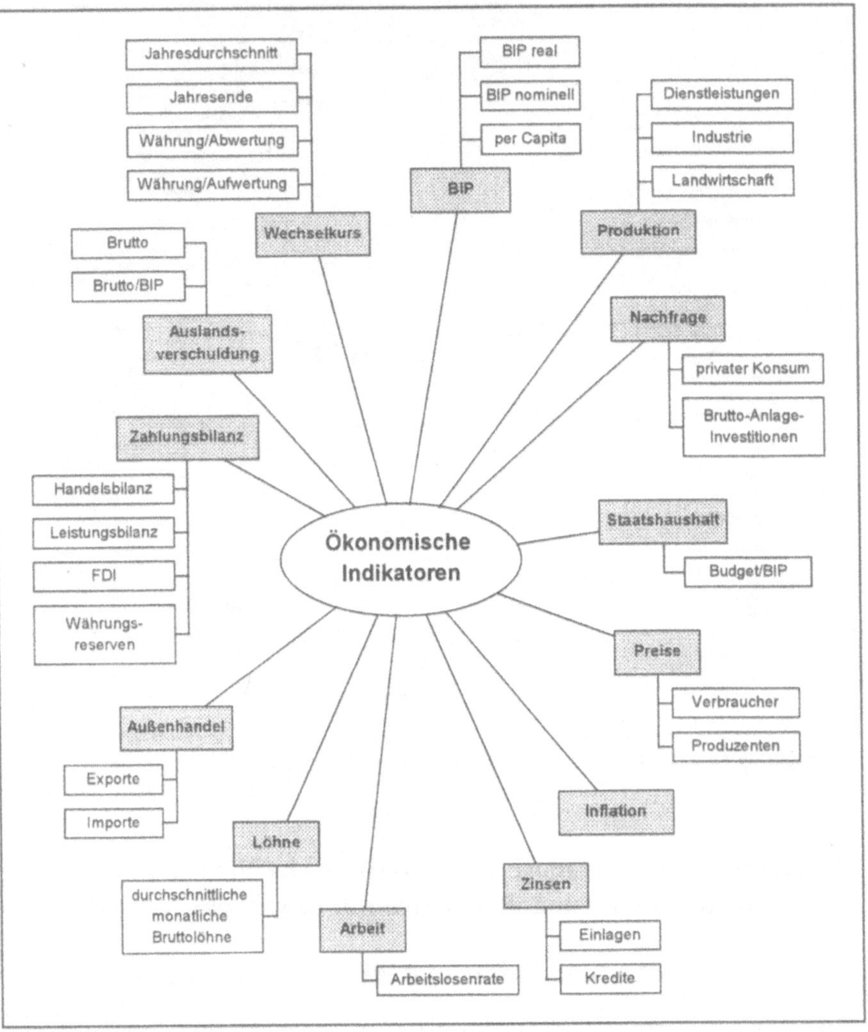

Abbildung 14-1 *Ausgewählte ökonomische Indikatoren*[142]

In ihren Wirkungszusammenhängen stellen sich die obigen ökonomischen Indikatoren wie folgt dar:

---

[142] Strunz, Herbert; Dorsch, Monique: Internationalisierung der mittelständischen Wirtschaft – Instrumente zur Erfolgssicherung, Frankfurt/M. u.a. 2001, 42

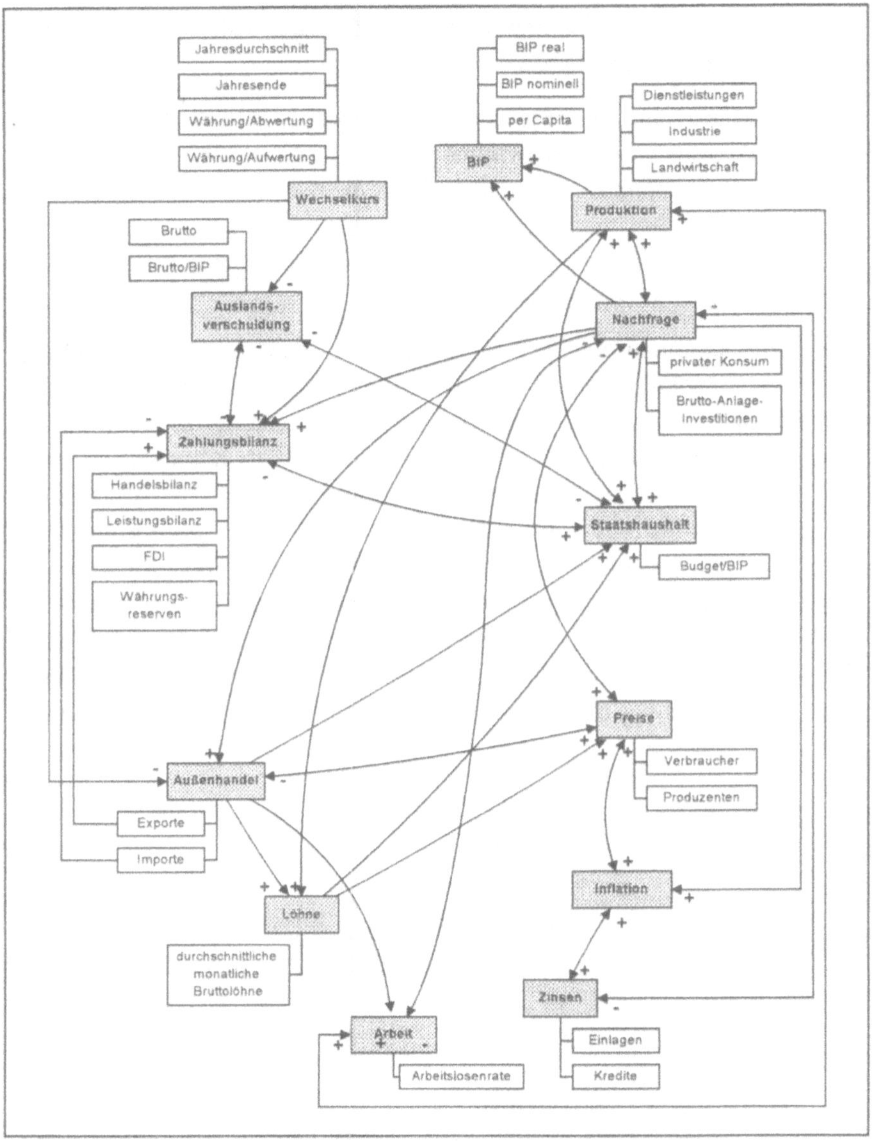

***Abbildung 14-2** Ausgewählte ökonomische Indikatoren*[143]

[143] Strunz, Herbert; Dorsch, Monique: Internationalisierung der mittelständischen Wirtschaft – Instrumente zur Erfolgssicherung, Frankfurt/M. u.a. 2001, 45

14.2 Betrachtung und Einschätzung möglicher Entwicklungen ausgewählter Indikatoren

Im folgenden sollen ausgehend von den obigen Gesamtzusammenhängen zwischen den einzelnen ökonomischen Indikatoren – jeweils nach dem gleichen Schema – Einschätzungen des ökonomischen status quo in Form einer Bestandsaufnahme vorgenommen werden. Grundlage dafür ist die Betrachtung der jeweiligen Subfaktoren und ihrer Zusammenhänge bzw. Wirkungsweisen.

Die Einschätzungen erfolgen auf subjektiver Basis unter Heranziehung des diesbezüglich verfügbaren Datenmaterials. Die Einschätzungen werden nach einem Punktsystem unter Einbeziehung von Gewichtungen der einzelnen Faktoren vorgenommen. Die Gewichtungen orientieren sich am Grad der Vernetzung des jeweiligen Faktors, d.h. seiner Einflußnahme auf bzw. seiner Beeinflußbarkeit durch die übrigen Faktoren.[144] Die dieserart jeweils ermittelte Gesamtpunktzahl soll bestimmten Kategorien zugeordnet werden (Kategorien I [sehr günstig] bis V [ungünstig]; siehe z.B. auch Legende in der nachfolgenden Tabelle). Daraus sollen schließlich Aussagen in Hinblick darauf abgeleitet werden, wie günstig bzw. ungünstig sich die einzelnen Faktoren entwickeln.

14.2.1 Bruttoinlandsprodukt (BIP)

Kriterien zur Bewertung des BIP	Gewichtung	Bewertung					Wert	Wert max.
		1	2	3	4	5		
BIP real								
insgesamt	3			x			9	15
Landwirtschaft	2		x				4	10
Industrie	3			x			9	15
Dienstleistungen	3				x		12	15
BIP nominell								

[144] Hierbei werden nur die direkten Wirkungsbeziehungen berücksichtigt.

Fortsetzung

Kriterien zur Bewertung des BIP	Gewichtung	Bewertung					Wert	Wert max.
		1	2	3	4	5		
insgesamt	3			x			9	15
Landwirtschaft	2		x				4	10
Industrie	3			x			9	15
Dienstleistungen	3			x			9	15
durchschnittliches jährliches Wachstum								
insgesamt	3		x				6	15
Landwirtschaft	3	x					3	15
Industrie	3		x				6	15
Dienstleistungen	3			x			9	15
BIP per capita	2			x			6	10
Summe (Vergleichsbasis)							**97**	**180**

Bewertungskriterien von 1 (ungünstig) bis 5 (sehr günstig)
Gewichtung von 3 (hohe Bedeutung) bis 1 (geringe Bedeutung)
Gesamtbewertung des BIP (max. 180 Punkte):

Kategorie I	152-180 Punkte	sehr günstig
Kategorie II	123-151 Punkte	günstig
Kategorie III	94-122 Punkte	**durchschnittlich**
Kategorie IV	65-93 Punkte	wenig günstig
Kategorie V	36-64 Punkte	ungünstig

***Tabelle 14-1** Bewertung des BIP*[145]

[145] Das gegenständliche sowie die folgenden Instrumente dienen der Erstellung von (individuellen) Bewertungen. Die Gewichtungen sind entsprechend der subjektiven Sicht des Betrachters festzulegen.

14.2.2 Produktion

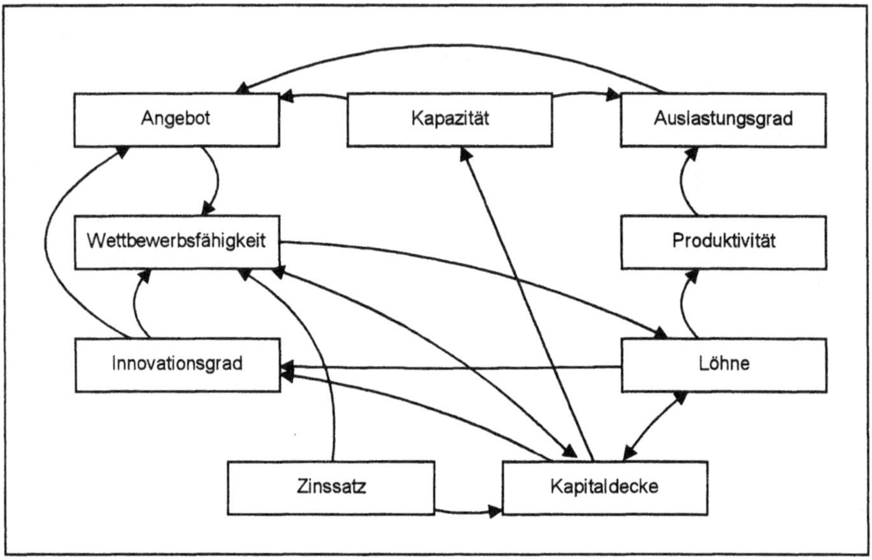

Abbildung 14-3 *Wirkungszusammenhänge „Produktion"*

Kriterien zur Bewertung der Produktion	Gewichtung	Bewertung 1	2	3	4	5	Wert	Wert max.
Dienstleistungen								
Angebot	3				x		12	15
Kapazitäten	2			x			6	10
Auslastungsgrad	2			x			6	10
Produktivität	1			x			3	5
Löhne	2				x		8	10
Kapitaldecke	3	x					3	15
Zinssatz	1				x		4	5
Innovationsgrad	3		x				6	15
Wettbewerbsfähigkeit	3			x			9	15
Industrie								
Angebot	3				x		12	15
Kapazitäten	2				x		8	10
Auslastungsgrad	2			x			6	10

Fortsetzung

Kriterien zur Bewertung der Produktion	Gewichtung	Bewertung					Wert	Wert max.
		1	2	3	4	5		
Produktivität	1				x		4	5
Löhne	2			x			6	10
Kapitaldecke	3			x			9	15
Zinssatz	1				x		4	5
Innovationsgrad	3				x		12	15
Wettbewerbsfähigkeit	3			x			9	15
Landwirtschaft								
Angebot	3			x			9	15
Kapazitäten	2		x				4	10
Auslastungsgrad	2		x				4	10
Produktivität	1		x				2	5
Löhne	2				x		8	10
Kapitaldecke	3	x					3	15
Zinssatz	1				x		4	5
Innovationsgrad	3		x				6	15
Wettbewerbsfähigkeit	3		x				6	15
Summe (Vergleichsbasis)							**185**	**300**

Bewertungskriterien von 1 (ungünstig) bis 5 (sehr günstig)

Gewichtung von 3 (hohe Bedeutung) bis 1 (geringe Bedeutung)

Gesamtbewertung der Produktion (max. 300 Punkte):

Kategorie I	252-300 Punkte	sehr günstig
Kategorie II	204-251 Punkte	günstig
Kategorie III	156-203 Punkte	**durchschnittlich**
Kategorie IV	108-155 Punkte	wenig günstig
Kategorie V	60-107 Punkte	ungünstig

Tabelle 14-2 *Bewertung der Produktion*

14.2.3 Nachfrage

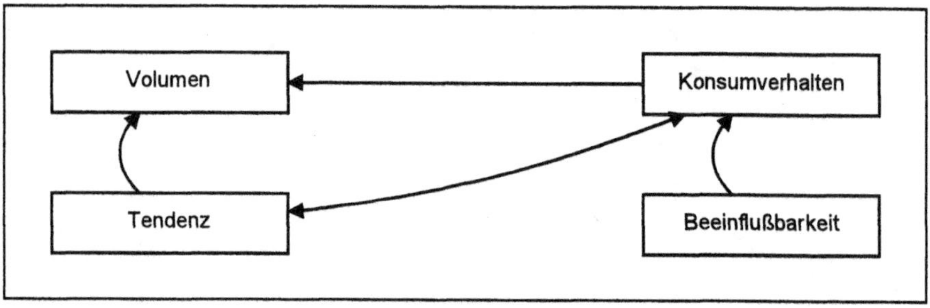

***Abbildung 14-4** Wirkungszusammenhänge „Nachfrage“*

Kriterien zur Bewertung der Nachfrage	Gewichtung	Bewertung 1	2	3	4	5	Wert	Wert max.
privater Konsum								
Volumen	2				x		12	10
Konsumverhalten	3				x		12	15
Tendenz	2			x			6	10
Beeinflußbarkeit	1			x			3	5
allgemeiner Staatsverbrauch								
Volumen	2			x			6	10
Konsumverhalten	3			x			9	15
Tendenz	2		x				4	10
Beeinflußbarkeit	1		x				2	5
Brutto-Anlage-Investitionen								
Volumen	2				x		8	10
Investitionsverhalten	3				x		12	15
Tendenz	2			x			6	10
Beeinflußbarkeit	1		x				2	5
Summe (Vergleichsbasis)							**82**	**120**

Bewertungskriterien von 1 (ungünstig) bis 5 (sehr günstig)
Gewichtung von 3 (hohe Bedeutung) bis 1 (geringe Bedeutung)
Gesamtbewertung der Nachfrage (max. 120 Punkte):

Kategorie I	100-120 Punkte	sehr günstig
Kategorie II	81-99 Punkte	**günstig**
Kategorie III	62-80 Punkte	durchschnittlich
Kategorie IV	43-61 Punkte	wenig günstig
Kategorie V	24-42 Punkte	ungünstig

***Tabelle 14-3** Bewertung der Nachfrage*

14.2.4 Staatshaushalt

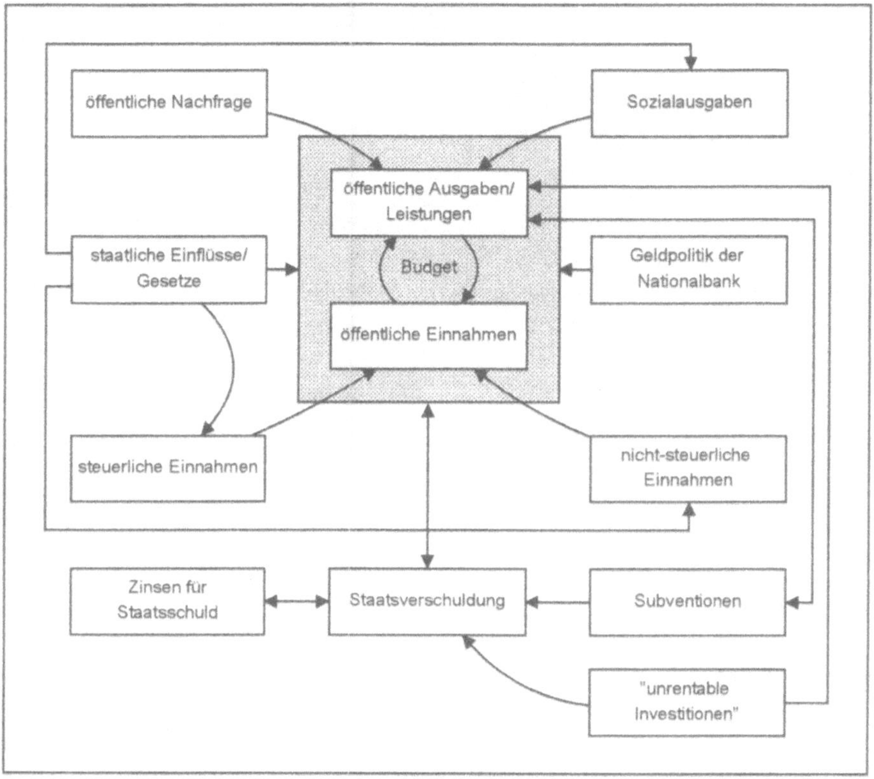

Abbildung 14-5 *Wirkungszusammenhänge „Staatshaushalt"*

Kriterien zur Bewertung der Geldpolitik	**Gewichtung**	**Bewertung 1**	**2**	**3**	**4**	**5**	**Wert**	**Wert max.**
öffentliche Ausgaben/Leistungen								
öffentliche Nachfrage	3			x			9	15
Subventionen	2		x				4	10
„unrentable Investitionen"	1			x			3	5
Sozialausgaben	3			x			9	15
öffentliche Einnahmen								
steuerliche Einnahmen	3		x				5	15
nicht-steuerliche Einnahmen	2			x			6	10

Fortsetzung

Kriterien zur Bewertung der Geldpolitik	Gewichtung	Bewertung 1	2	3	4	5	Wert	Wert max.
Staatsverschuldung	3			x			9	15
Zinsen für Staatsschuld	2			x			6	10
staatliche Einflüsse/Gesetze	1		x				2	5
Geldpolitik der Nationalbank	1			x			3	5
Summe (Vergleichsbasis)							**56**	**105**

Bewertungskriterien von 1 (ungünstig) bis 5 (sehr günstig)
Gewichtung von 3 (hohe Bedeutung) bis 1 (geringe Bedeutung)
Gesamtbewertung des Staatshaushalts (max. 105 Punkte):

Kategorie I	88-105 Punkte	sehr günstig
Kategorie II	71-87 Punkte	günstig
Kategorie III	54-70 Punkte	**durchschnittlich**
Kategorie IV	37-53 Punkte	wenig günstig
Kategorie V	21-36 Punkte	ungünstig

Tabelle 14-4 *Bewertung der Geldpolitik*

14.2.5 Preise

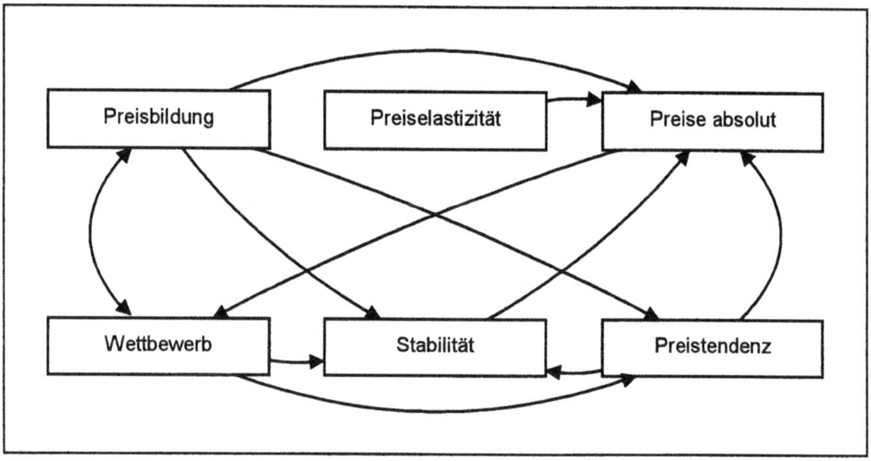

Abbildung 14-6 *Wirkungszusammenhänge „Preise"*

Kriterien zur Bewertung der Preise	Gewichtung	Bewertung 1	2	3	4	5	Wert	Wert max.
Verbraucherpreise								
Preisbildung	3			x			9	15
Preiselastizität	1			x			3	5
Absolut	3				x		12	15
Tendenz	2			x			6	10
Stabilität	2			x			6	10
Preiswettbewerb	3		x				6	15
Produzentenpreise								
Preisbildung	3			x			9	15
Preiselastizität	1			x			3	5
Absolut	3			x			9	15
Tendenz	2			x			6	10
Stabilität	2			x			6	10
Preiswettbewerb	3		x				9	15
Summe (Vergleichsbasis)							**84**	**140**

Bewertungskriterien von 1 (ungünstig) bis 5 (sehr günstig)

Gewichtung von 3 (hohe Bedeutung) bis 1 (geringe Bedeutung)

Gesamtbewertung der Preise (max. 140 Punkte):

Kategorie I	117-140 Punkte	sehr günstig
Kategorie II	94-116 Punkte	günstig
Kategorie III	72-93 Punkte	**durchschnittlich**
Kategorie IV	50-71 Punkte	wenig günstig
Kategorie V	28-49 Punkte	ungünstig

Tabelle 14-5 *Bewertung der Preise*

14.2.6 Inflation

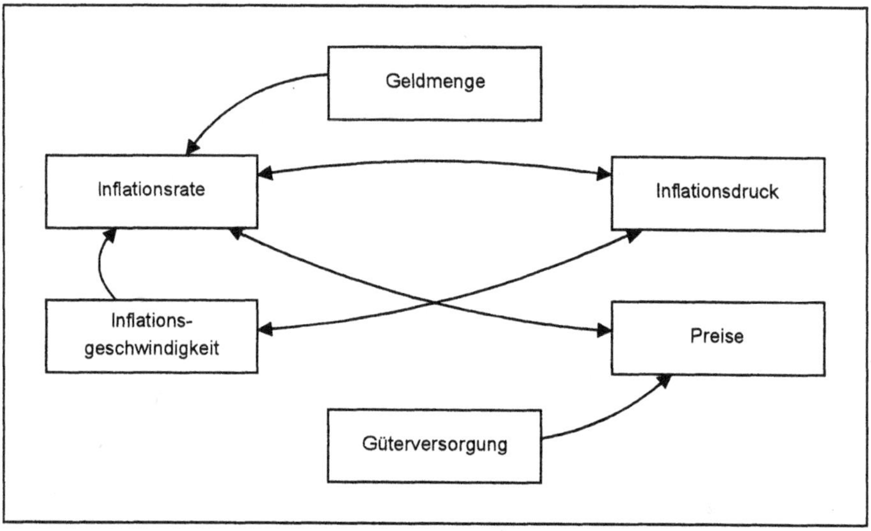

Abbildung 14-7 *Wirkungszusammenhänge „Inflation"*

Kriterien zur Bewertung der Inflation	Gewichtung	Bewertung 1	2	3	4	5	Wert	Wert max.
Inflationsrate	3				x		12	15
Inflationsdruck	2				x		8	10
Inflationsgeschwindigkeit	2				x		8	10
Preise	2				x		8	10
Güterversorgung	1					x	5	5
Geldmenge	1					x	5	5
Summe (Vergleichsbasis)							**46**	**55**

Bewertungskriterien von 1 (ungünstig) bis 5 (sehr günstig)
Gewichtung von 3 (hohe Bedeutung) bis 1 (geringe Bedeutung)
Gesamtbewertung der Inflation (max. 55 Punkte):

Kategorie I	47-55 Punkte	sehr günstig
Kategorie II	38-46 Punkte	**günstig**
Kategorie III	29-37 Punkte	durchschnittlich
Kategorie IV	20-28 Punkte	wenig günstig
Kategorie V	11-19 Punkte	ungünstig

Tabelle 14-6 *Bewertung der Inflation*

14.2.7 Zinsen

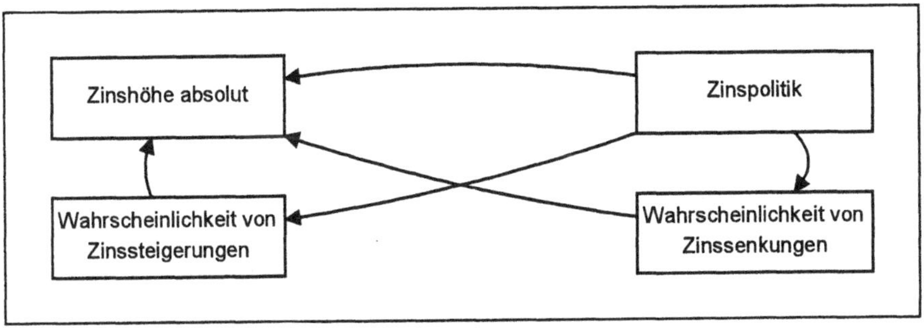

Abbildung 14-8 *Wirkungszusammenhänge „Zinsen"*

Kriterien zur Bewertung der Zinsen	Gewichtung	Bewertung 1	2	3	4	5	Wert	Wert max.
Einlagen								
Höhe absolut	3	x					3	15
Wahrscheinlichkeit von Zinssteigerungen	1			x			3	5
Wahrscheinlichkeit von Zinssenkungen	1			x			3	5
Kredite								
Höhe absolut	3					x	15	15
Wahrscheinlichkeit von Zinssteigerungen	1			x			3	5
Wahrscheinlichkeit von Zinssenkungen	1			x			3	5
Zinspolitik	3			x			9	15
Summe (Vergleichsbasis)							**39**	**65**

Bewertungskriterien von 1 (ungünstig) bis 5 (sehr günstig)
Gewichtung von 3 (hohe Bedeutung) bis 1 (geringe Bedeutung)
Gesamtbewertung der Zinsen (max. 65 Punkte):

Kategorie I	55-65 Punkte	sehr günstig
Kategorie II	44-54 Punkte	günstig
Kategorie III	33-43 Punkte	**durchschnittlich**
Kategorie IV	22-32 Punkte	wenig günstig
Kategorie V	13-22 Punkte	ungünstig

Tabelle 14-7 *Bewertung der Zinsen*

14.2.8 Arbeit

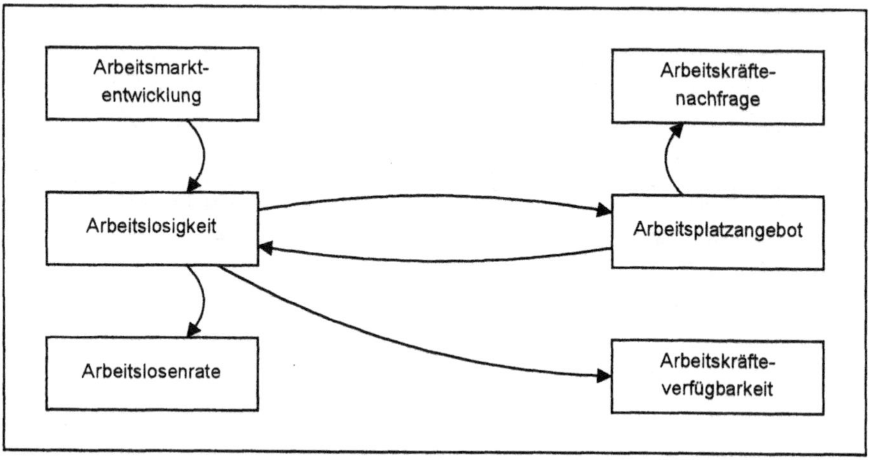

Abbildung 14-9 *Wirkungszusammenhänge „Arbeit"*

Kriterien zur Bewertung der Arbeit	Gewichtung	Bewertung 1	2	3	4	5	Wert	Wert max.
Arbeitsmarktentwicklung	1		x				2	5
Arbeitskräfteverfügbarkeit	1				x		4	5
Arbeitskräftenachfrage	1		x				2	5
Arbeitsplatzangebot	2		x				4	10
Arbeitslosigkeit	3			x			9	15
Arbeitslosenrate	1			x			3	5
Summe (Vergleichsbasis)							**24**	**45**

Bewertungskriterien von 1 (ungünstig) bis 5 (sehr günstig)

Gewichtung von 3 (hohe Bedeutung) bis 1 (geringe Bedeutung)

Gesamtbewertung der Arbeit (max. 45 Punkte):

Kategorie I	37-45 Punkte	sehr günstig
Kategorie II	30-36 Punkte	günstig
Kategorie III	23-29 Punkte	**durchschnittlich**
Kategorie IV	16-22 Punkte	wenig günstig
Kategorie V	9-15 Punkte	ungünstig

Tabelle 14-8 *Bewertung der Arbeit*

14.2.9 Löhne und Beschäftigungspolitik

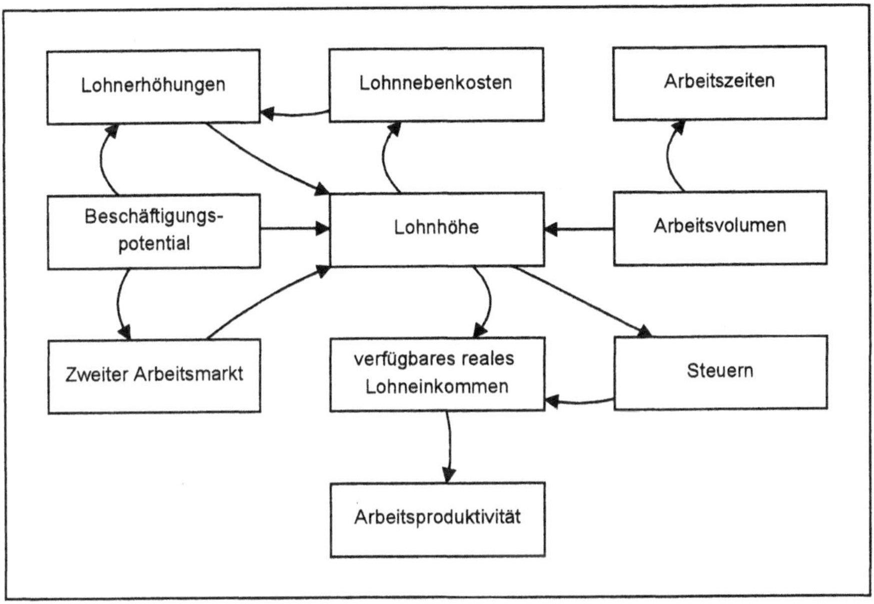

Abbildung 14-10 *Wirkungszusammenhänge „Löhne und Beschäftigungspolitik“*

Kriterien zur Bewertung der Beschäftigungspolitik	Gewichtung	Bewertung 1	2	3	4	5	Wert	Wert max.
Lohnhöhe	3				x		12	15
Lohnnebenkosten	2		x				8	10
Lohnerhöhungen	3			x			9	15
verfügbares reales Lohneinkommen	2			x			6	10
Arbeitsproduktivität	1			x			3	5
Beschäftigungspotential	2			x			6	10
Arbeitszeiten	1			x			3	5
Arbeitsvolumen	1			x			3	5
Zweiter Arbeitsmarkt/ Beschäftigungsprogramme	1				x		4	5
Summe (Vergleichsbasis)							**52**	**80**

Fortsetzung

Bewertungskriterien von 1 (ungünstig) bis 5 (sehr günstig)		
Gewichtung von 3 (hohe Bedeutung) bis 1 (geringe Bedeutung)		
Gesamtbewertung der Löhne und der Beschäftigungspolitik (max. 80 Punkte):		
Kategorie I	66-80 Punkte	sehr günstig
Kategorie II	53-65 Punkte	günstig
Kategorie III	40-52 Punkte	**durchschnittlich**
Kategorie IV	27-39 Punkte	wenig günstig
Kategorie V	14-26 Punkte	ungünstig

Tabelle 14-9 *Bewertung der Löhne und der Beschäftigungspolitik*

14.2.10 Außenhandel

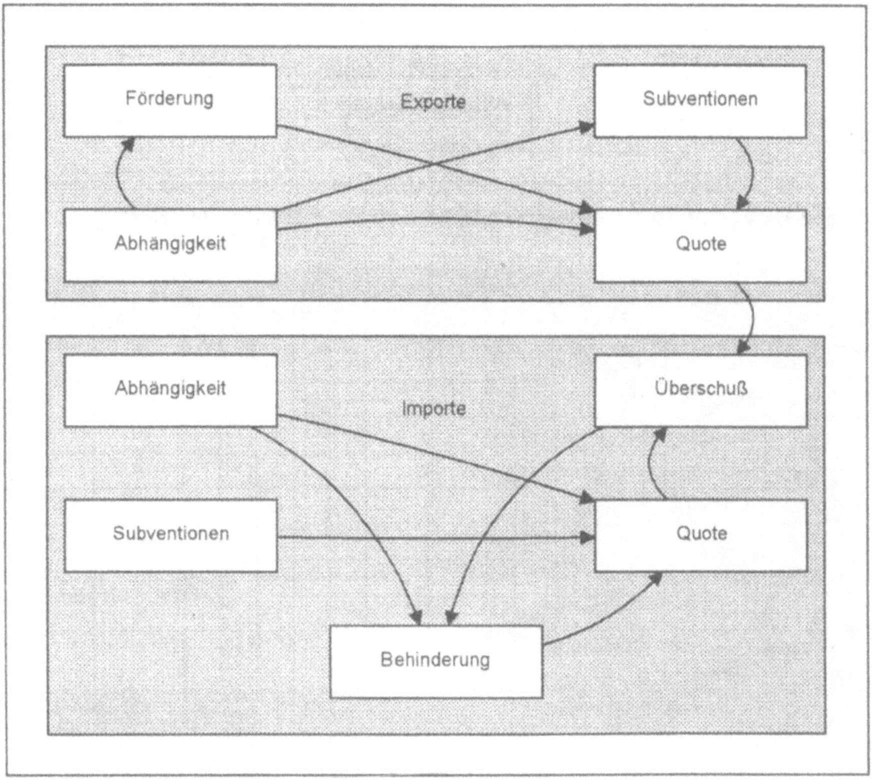

Abbildung 14-11 *Wirkungszusammenhänge „Außenhandel"*

Kriterien zur Bewertung des Außenhandels	Gewichtung	Bewertung					Wert	Wert max.
		1	2	3	4	5		
Exporte								
Abhängigkeit	2		x				8	10
Förderung	1			x			3	5
Quote	3				x		12	15
Subventionen	1		x				2	5
Importe								
Abhängigkeit	2		x				4	10
Behinderung	1			x			3	5
Quote	3		x				6	15
Subventionen	1		x				2	5
Überschuß	2		x				4	10
FDI	3			x			9	15
Außenhandelpolitik	2		x				4	10
internationale Beziehungen	3			x			9	15
Protektionismus	1			x			3	5
Handels- und Kooperationsabkommen	3				x		12	15
Summe (Vergleichsbasis)							**82**	**145**

Bewertungskriterien von 1 (ungünstig) bis 5 (sehr günstig)

Gewichtung von 3 (hohe Bedeutung) bis 1 (geringe Bedeutung)

Gesamtbewertung des Außenhandels (max. 145 Punkte):

Kategorie I	121-145 Punkte	sehr günstig
Kategorie II	98-120 Punkte	günstig
Kategorie III	75-97 Punkte	**durchschnittlich**
Kategorie IV	52-74 Punkte	wenig günstig
Kategorie V	29-51 Punkte	ungünstig

***Tabelle 14-10** Bewertung des Außenhandels*

14.2.11 Zahlungsbilanz

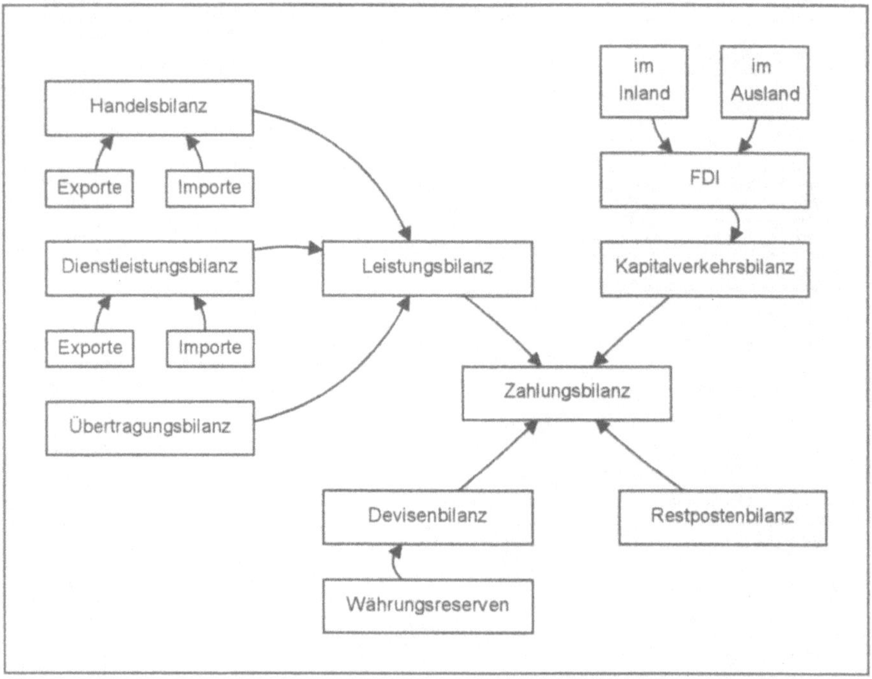

Abbildung 14-12 *Wirkungszusammenhänge „Zahlungsbilanz"*

Kriterien zur Bewertung der Zahlungsbilanz	Gewichtung	Bewertung 1	2	3	4	5	Wert	Wert max.
Handelsbilanz								
Exporte	3			x			9	15
Importe	3		x				6	15
Leistungsbilanz								
Exporte	3			x			9	15
Importe	3		x				6	15
FDI								
im Ausland	3		x				6	15
im Inland	3			x			9	15
Währungsreserven	3			x			9	15
Summe (Vergleichsbasis)							**54**	**105**

Fortsetzung

Bewertungskriterien von 1 (ungünstig) bis 5 (sehr günstig)		
Gewichtung von 3 (hohe Bedeutung) bis 1 (geringe Bedeutung)		
Gesamtbewertung der Zahlungsbilanz (max. 105 Punkte):		
Kategorie I	88-105 Punkte	sehr günstig
Kategorie II	71-87 Punkte	günstig
Kategorie III	54-70 Punkte	**durchschnittlich**
Kategorie IV	37-53 Punkte	wenig günstig
Kategorie V	21-36 Punkte	ungünstig

Tabelle 14-11 *Bewertung der Zahlungsbilanz*

14.2.12 Auslandsverschuldung

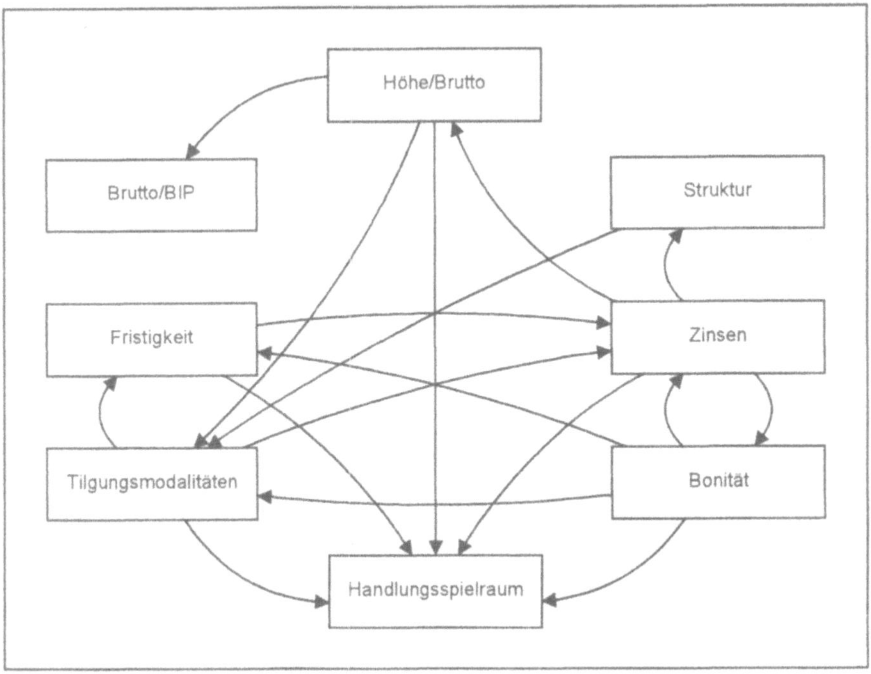

Abbildung 14-13 *Wirkungszusammenhänge „Auslandsverschuldung"*

Kriterien zur Bewertung der Auslandsverschuldung	Gewichtung	Bewertung					Wert	Wert max.
		1	2	3	4	5		
Höhe/Brutto	2			x			6	10
Brutto/BIP	1			x			3	5
Struktur	1			x			3	5
Fristigkeit	2			x			6	10
Tilgungsmodalitäten	3			x			9	15
Zinsen	3				x		12	15
Bonität	3				x		12	15
Handlungsspielraum	3				x		12	15
Summe (Vergleichsbasis)							**63**	**90**

Bewertungskriterien von 1 (ungünstig) bis 5 (sehr günstig)
Gewichtung von 3 (hohe Bedeutung) bis 1 (geringe Bedeutung)
Gesamtbewertung der Auslandsverschuldung (max. 90 Punkte):

Kategorie I	76-90 Punkte	sehr günstig
Kategorie II	61-75 Punkte	**günstig**
Kategorie III	45-60 Punkte	durchschnittlich
Kategorie IV	32-44 Punkte	wenig günstig
Kategorie V	18-31 Punkte	ungünstig

***Tabelle 14-12** Bewertung der Auslandsverschuldung*

14.2.13 Wechselkurs

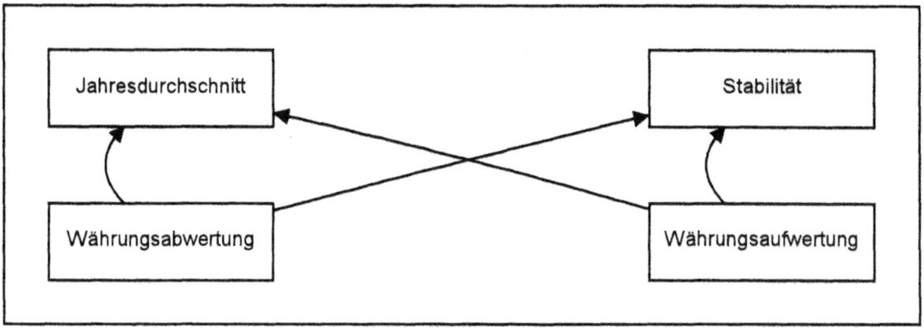

***Abbildung 14-14** Wirkungszusammenhänge „Wechselkurs“*

Kriterien zur Bewertung des Wechselkurses	Gewichtung	Bewertung 1	2	3	4	5	Wert	Wert max.
Jahresdurchschnitt	1			x			3	5
Währung/Abwertung	2			x			6	10
Währung/Aufwertung	2			x			6	10
Stabilität	3		x				6	15
Summe (Vergleichsbasis)							**21**	**40**

Bewertungskriterien von 1 (ungünstig) bis 5 (sehr günstig)
Gewichtung von 3 (hohe Bedeutung) bis 1 (geringe Bedeutung)
Gesamtbewertung des Wechselkurses (max. 40 Punkte):

Kategorie I	34-40 Punkte	sehr günstig
Kategorie II	27-33 Punkte	günstig
Kategorie III	20-26 Punkte	**durchschnittlich**
Kategorie IV	14-19 Punkte	wenig günstig
Kategorie V	8-13 Punkte	ungünstig

Tabelle 14-13 *Bewertung des Wechselkurses*

14.2.14 Interpretation der Bewertung der ökonomischen Situation Österreichs

Die durchgeführte Betrachtung der einzelnen ökonomischen Indikatoren und ihrer Subfaktoren ergibt im Falle Österreichs folgendes Gesamtbild:

Indikatoren	Wert maximal	Wert aktuell	Kategorie
Bruttoinlandsprodukt (BIP)	180	97	III: durchschnittlich
Produktion	300	185	III: durchschnittlich
Nachfrage	120	82	II: günstig
Staatshaushalt	105	56	III: durchschnittlich
Preise	140	84	III: durchschnittlich
Inflation	55	46	II: günstig
Zinsen	65	39	III: durchschnittlich
Arbeit	45	24	III: durchschnittlich
Löhne und Beschäftigungspolitik	80	52	III: durchschnittlich

Fortsetzung

Indikatoren	Wert maximal	Wert aktuell	Kategorie
Außenhandel	145	82	III: durchschnittlich
Zahlungsbilanz	105	54	III: durchschnittlich
Auslandsverschuldung	90	63	II: günstig
Wechselkurs	40	21	III: durchschnittlich
Summe	**1470**	**885**	

Gesamtbewertung der Indikatoren (max. 1470 Punkte):		
Kategorie I	1234-1470 Punkte	sehr günstig
Kategorie II	999-1233 Punkte	günstig
Kategorie III	764-998 Punkte	**durchschnittlich**
Kategorie IV	529-763 Punkte	wenig günstig
Kategorie V	294-528 Punkte	ungünstig

Tabelle 14-14 *Gesamtbewertung der Indikatoren*

Es zeigt sich, daß Österreich in bezug auf seine ökonomische Entwicklung im europäischen Vergleich durchschnittlich positioniert ist. Das bezieht sich auch auf die meisten betrachteten Faktoren. Als über dem Durchschnitt liegend zeigen sich die als „günstig“ eingeschätzten Indikatoren Nachfrage, Inflation und Auslandsverschuldung. Insbesondere die Entwicklung der Inflation und Auslandsverschuldung weist eine sehr stabile Tendenz auf.

15 Wirtschaftsstandort Österreich – Attraktivität und Probleme

Über die Bewertung der volkswirtschaftlichen Indikatoren Österreichs hinaus scheint es von Interesse, die Attraktivität des Landes als Wirtschaftsstandort einer eigenen Betrachtung zu unterziehen.

Nicht erst in jüngster Zeit läßt sich ein starker – zunehmend unerbittlich werdender – weltweiter Wettbewerb um Wirtschaftsstandorte feststellen. Geeigneten wirtschaftspolitischen Maßnahmen kommt im Rahmen dessen besondere Bedeutung zu.

Auch im konkreten Zusammenhang sehen sich die konkurrierenden Staaten zahlreichen Restriktionen ausgesetzt. Beispielsweise verlangt die EU[146] bezüglich des europäischen Binnenmarktes[147] eine weitgehende Zurückhaltung der Industriepolitik betreffend staatliche Interventionen zugunsten einer nicht wettbewerbsverzerrenden Wirtschaftsförderung.

Daraus folgt die Frage: Welche Determinanten der Standortattraktivität lassen sich für den Standort Österreich bestimmen? Diese wird im folgenden erörtert. Darüber hinaus ist im speziellen auch die Thematik der Markt- und Standortsicherheit von Relevanz.

Grundsätzlich sind bei der Auswahl von Standorten eine Vielzahl unterschiedlichster Faktoren in Betracht zu ziehen. Das Makroumfeld eines Unternehmens setzt sich aus dem politisch-rechtlichen, volkswirtschaftlichen, technologischen, gesellschaftlichen und natürlichem Umfeld zusammen. In dieses komplexe Umfeld ist der Staat, die Unternehmen, seine Zulieferer, Kunden und Konkurrenten gleichermaßen eingebunden und den einwirkenden Kräften und Entwicklungstrends ausgesetzt.

Die in jeder Hinsicht umfassenden strategischen Maßnahmen müssen zunächst stets auf die politische Situation im jeweiligen Land abgestimmt sein. In den westlichen Industriestaaten stellt dies – gegenüber den Verhältnissen in politisch weniger gefestigten Staaten – meist kein großes Problem dar.

Zu den speziell für Unternehmen unbeeinflußbaren Faktoren gehören auch die Rechts- und Wirtschaftsordnung eines Staates. Der Handlungsspielraum ist diesbezüglich in einer staatlich dirigierten Planwirtschaft wesentlich kleiner als in einer Marktwirtschaft.

Entscheidende Variablen bei der Beurteilung des volkswirtschaftlichen Umfeldes sind die Wirtschaftskraft eines Landes, damit zusammenhängend die Kaufkraft seiner Bevölkerung sowie die jeweilige Konjunktur.

---

[146] siehe dazu auch Neisser, Heinrich; Verschraegen, Bea: Die Europäische Union – Anspruch und Wirklichkeit, Wien/New York 2001

[147] siehe dazu auch Strunz, Herbert; Al-Ani, Ayad (Hrsg.): Österreichische Unternehmen im Europäischen Binnenmarkt, Wien 1992

Für Unternehmen nicht minder von Bedeutung ist die steuerliche Situation, wobei insbesondere die – länderspezifisch äußerst unterschiedlichen – gesetzlichen Bestimmungen zu Einkommen-, Körperschaft-, Umsatz- bzw. Mehrwert-, Vermögens- sowie Verbrauchssteuern von Relevanz sind.

Im folgenden wird die gegenwärtige Attraktivität des Wirtschaftsstandortes Österreich für Investoren und potentielle Interessenten erörtert. In diesem Zusammenhang interessant ist die Analyse der Frage, wie sich ein (potentieller) Standort oder Markt darstellen kann.

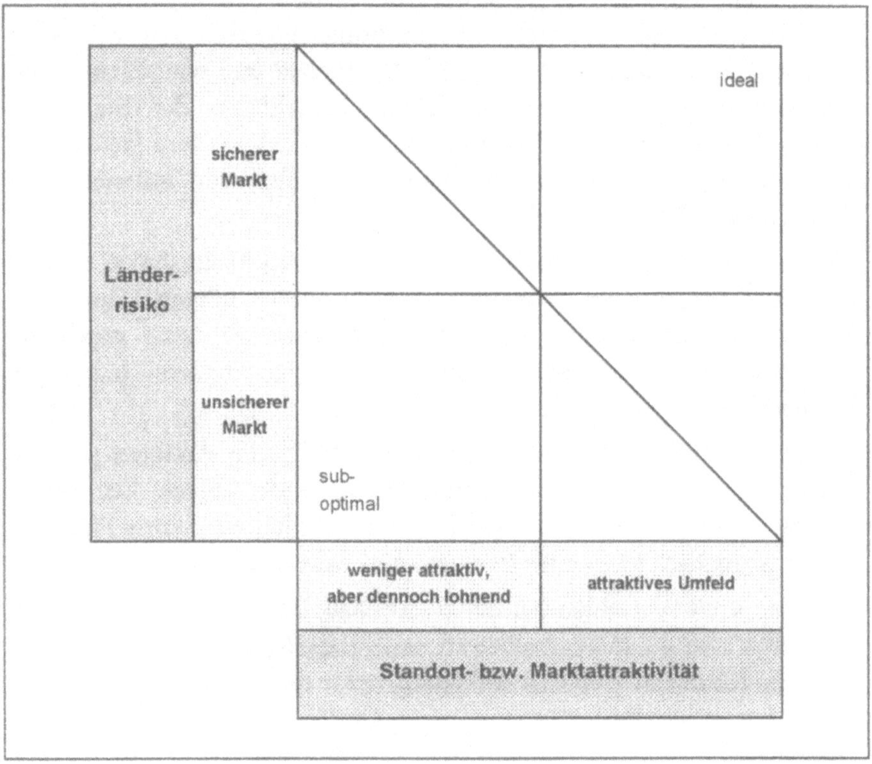

Abbildung 15-1 Wie kann sich ein (potentieller) Standort oder Markt darstellen?[148]

[148] Strunz, Herbert; Dorsch, Monique: Internationalisierung der mittelständischen Wirtschaft – Instrumente zur Erfolgssicherung, Frankfurt/M. u.a. 2001, 98

Die darüber hinaus forschungsleitende Frage in diesem Zusammenhang stellt sich nach dem konkreten Profil Österreichs als Wirtschaftsstandort und Zielland für die Ansiedlung ausländischer Unternehmen. Dabei sind besonders die jeweiligen Standortvorteile bzw. -nachteile anzusprechen.[149]

Im wesentlichen können – über die reine Vergabe von direkten Subventionen hinaus – zwei Wege zur nachhaltigen Stärkung der Wettbewerbsfähigkeit von Standorten beschritten werden, die allerdings indirekten Charakter haben[150]:

- Den Standort Österreich durch gute Infrastruktur, hervorragende Ausbildung und dienstleistungsorientierte Administration so attraktiv zu machen, daß sich Unternehmenszentralen und Forschungseinrichtungen verstärkt ansiedeln und damit auch hochwertige Arbeitsplätze entstehen.
- Den Unternehmen Ertragsmöglichkeiten sowie ein wettbewerbsfähiges Steuer- und Abgabensystem zu gewähren, um dadurch die Möglichkeit zu schaffen, daß sie – insbesondere auch die heimischen Unternehmen – von Österreich aus international expandieren können.

Die sicherlich gegebene grundsätzliche Attraktivität des Standortes Österreich im internationalen Vergleich[151] wird allerdings auch von einer Reihe Problemen bzw. Standortnachteilen überlagert.[152]

---

[149] siehe dazu auch Strunz, Herbert; Al-Ani, Ayad: Österreichische Unternehmen im Europäischen Binnenmarkt, Wien 1992; Lugmayr, Martin: Österreich und die EU-Osterweiterung, Frankfurt/M. 2002

[150] Böheim, Michael: Marktchancen der österreichischen Industrie, in: WIFO Monatsberichte 6/1999, 415; Böheim, Michael: Benchmarking volkswirtschaftlicher Rahmenbedingungen auf Unternehmensebene, Wien 2000

[151] siehe dazu die im Anhang befindlichen aktuellen Eckdaten Österreichs im internationalen Vergleich sowie OECD (Hrsg.): OECD-Wirtschaftsberichte – Österreich 2001, http://www.oecd.org, 12.02.2002

[152] vgl. Vereinigung der Österreichischen Industrie (Hrsg.): Unternehmerland Österreich, Wien o.J.; Vereinigung der Österreichischen Industrie (Hrsg.): Österreich AG – Geschäftsbericht 2001, Wien 2002; Vereinigung der Österreichischen Indust-

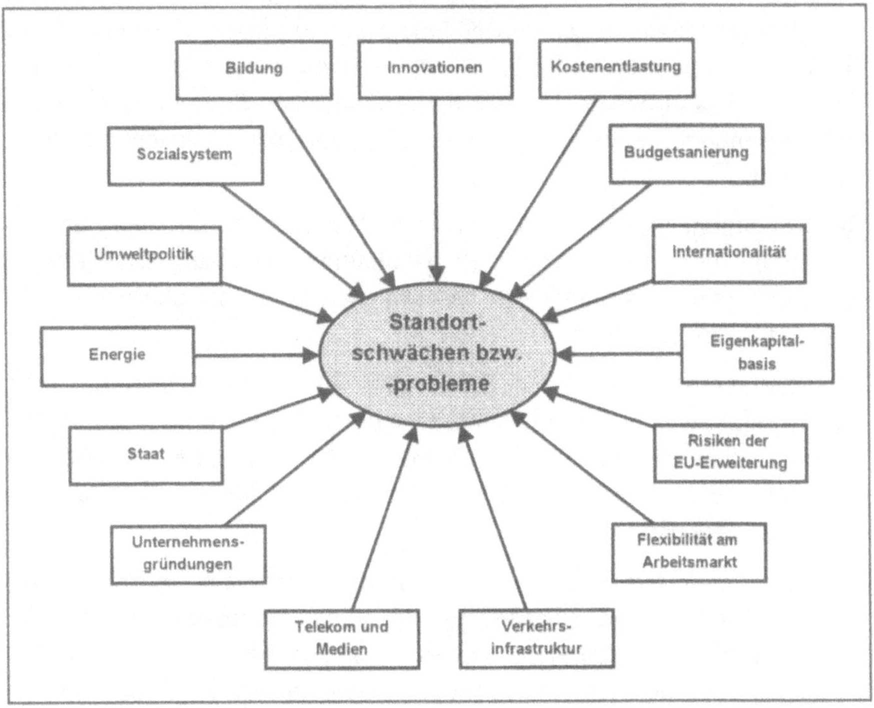

Abbildung 15-2 *Probleme des Wirtschaftsstandortes Österreich*

Betrachtet man die Schwächen bzw. Probleme des Standortes Österreich im einzelnen, zeigt sich ein vielgestaltiges Bild. Zum einen handelt es sich dabei um gesamtstaatliche Faktoren, deren Ursprung in den Grundlinien der Politik zu suchen sind. Beispiele dafür wären etwa die Bereiche Bildung, Soziales und Umwelt. Zum anderen bestehen Probleme, von denen die Wirtschaft unmittelbar betroffen ist. Dies wären beispielsweise die Struktur des Arbeitsmarktes bzw. die flexible Verfügbarkeit von Arbeitskräften, eine nur unzulängliche Förderung der allgemein schwachen Eigenkapitalbasis sowie vielfältige bürokratische Hürden, etwa bei der Unternehmensgründung.

---

rie (Hrsg.): Der Mitteleuropäische Zentralraum, Wien 1999 und Vereinigung der Österreichischen Industrie (Hrsg.): Der Mitteleuropäische Zentralraum – Schwarzbuch, Wien 1999

Nachfolgend wird die Attraktivität des Standortes Österreich für ausländische Unternehmen bzw. Investoren anhand ausgewählter Kriterien bewertet.

Bereiche	Stärken und Schwächen
Bildung, Innovation & Forschung	• Bildungssystem zufriedenstellend • hohe Arbeitskräftequalifikation • teilweise veraltete Berufsbilder • Überbetonung der Erstausbildung gegenüber Weiterbildung • Technikermangel • nicht genützte Potentiale der Universitäten • wenig Internationalität des Bildungswesens • geringe F&E-Quote
Industrie	• stark spezialisiert • hoher Arbeitsanteil • forschungsintensive Tätigkeiten wenig ausgeprägt • exportorientiert (bei jedoch geringem Anteil am Weltmarkt) • relativ geringe Eigenkapitalquote
Rahmenbedingungen für Unternehmen	• hohe rechtliche Regelungsdichte • öffentlicher Sektor relativ bürokratisiert • geringe Flexibilität auf dem Arbeitsmarkt durch inflexible gesetzliche Regelungen
Kostensituation	• vergleichsweise geringe Steuerbelastung für Unternehmen • hohe Gebühren und sonstige Abgaben • hohe Arbeitskosten
Infrastruktur	• gute Versorgung mit natürlichen Ressourcen • Engpässe in der Verkehrsinfrastruktur • wichtige diesbezügliche Entscheidungen sind ausständig (z.B. Ausbau Straße/Schiene, Road-Pricing)
Sozialsystem	• gut ausgebaut • teilweise reformbedürftig • kostenintensiv

Tabelle 15-1 *Stärken und Schwächen des Wirtschaftsstandortes Österreich*

Aus den obigen Faktoren wird nun eine Bewertung der Attraktivität des Wirtschaftsstandortes Österreich vorgenommen.[153]

Kriterien zur Bewertung des Wirtschaftsstandortes Österreich	Gewichtung	Bewertung					Wert	Wert max.
		1	2	3	4	5		
Politisch-rechtliches Umfeld								
Politisches System (z.B. Demokratie/ Diktatur)	2				x		8	10
Stabilität der politischen Situation	3				x		12	15
Stabilität der Wirtschaftssituation	3						12	15
Behördliche Auflagen (Genehmigungsverfahren, Gebühren usw.)	2			x			6	10
Staatliche Eingriffe (z.B. Gewerbefreiheit, Vertragsfreiheit)	2			x			6	10
Staatliche Förderprogramme (z.B. Zuschüsse, Investitionsbegünstigungen)	2		x				4	10
Unterstützung durch öffentliche Stellen (Ämter, Behörden, Kammern usw.)	1		x				2	5
Investitionsschutz	3					x	15	15
Ökonomisches Umfeld								
Preis- und Währungsstabilität	2				x		8	10
Zinsniveau	2					x	10	10
Bankensektor	2				x		8	10
Stetigkeit und Vorhersehbarkeit der Wirtschaftspolitik	2				x		8	10
Steuer- und Abgabenbelastung (Unternehmensgewinne, Löhne)	2			x			6	10
Verfügbarkeit von qualifiziertem Personal	3					x	15	15
Regionale Tarif- und Lohnunterschiede	2			x			6	10
Arbeitseinstellung und Mentalität	2				x		8	10
Arbeitsfrieden (vgl. Streikrisiko)	2					x	10	10

[153] Das gegenständliche wie die folgenden Instrumente dienen der Erstellung von (individuellen) Bewertungen. Die Gewichtungen sind entsprechend der subjektiven Sicht des Betrachters festzulegen.

Fortsetzung

Kriterien zur Bewertung des Wirtschaftsstandortes Österreich	Gewichtung	Bewertung					Wert	Wert max.
		1	2	3	4	5		
Gewerkschaftlicher Einfluß	1			x			3	5
Gesetzliche oder tarifliche Einschränkungen personalpolitischer Maßnahmen (vgl. Löhne, Arbeitszeiten, Entlassungsmöglichkeiten)	1		x				2	5
Patentrecht/Schutzmöglichkeiten	2					x	10	10
Natürliches Umfeld								
Klimatische Bedingungen	1					x	5	5
Geographische Restriktionen	1			x			3	5
Möglichkeiten der Informationsbeschaffung	1					x	5	5
Verfügbarkeit und Preise von Gewerbeflächen (Gebäude und Grundstücke)	1					x	5	5
Verfügbarkeit und Preise von Rohstoffen	2				x		8	10
Verkehrsinfrastruktur (Verfügbarkeit und Zustand von Bahn, Straße, Flugplätzen, Schiffahrtswegen usw.)	2		x				4	10
Tarife des privaten/öffentlichen Nahverkehrs	1			x			3	5
Preise überregionaler Verkehrsmittel	1			x			3	5
Kommunikationsinfrastruktur (Verfügbarkeit und Zustand von Post, Telefon, Funk usw.)	2			x			6	10
Preise für Kommunikationsdienste (z.B. Post)	1		x				2	5
Sicherheit bei Versorgung (z.B. Strom, Gas, Wasser) und Entsorgung (Abfall, Abwasser)	2					x	10	10
Tarife für Ver- und Entsorgung	1			x			3	5
Räumliche Nähe zu Kunden	2					x	10	10
Räumliche Nähe zu Lieferanten	2					x	10	10
Beratungsangebot (z.B. Werbung, Steuerberatung, Unternehmensberatung)	1					x	5	5
Bildungsangebot (z.B. Schulen, Hochschulen, Weiterbildung)	1					x	5	5

Fortsetzung

Kriterien zur Bewertung des Wirtschaftsstandortes Österreich	Gewichtung	Bewertung					Wert	Wert max.
		1	2	3	4	5		
Gesellschaftliches Umfeld								
Soziale Stabilität	3					x	15	15
Ethnische und religiöse Spezifika	2					x	10	10
Familienstrukturen	1					x	5	5
Gesundheitswesen	1					x	5	5
Kriminalität	2					x	10	10
Sicherheitsstrukturen (z.B. Polizei, Militär)	2					x	10	10
Bestehen von Institutionen (z.B. Medien, staatliche Organisationen, NGOs, Wahlen)	1					x	5	5
Zivilgesellschaftliche Strukturen	1					x	5	5
Summe (Vergleichsbasis)							341	450

Bewertungskriterien von 1 (ungünstig) bis 5 (sehr günstig)

Gewichtung von 3 (hohe Bedeutung) bis 1 (geringe Bedeutung)

Gesamtbewertung der Attraktivität des Wirtschaftsstandortes Österreich (max. 450 Punkte):

Kategorie I	378-450 Punkte	sehr attraktiv
Kategorie II	306-377 Punkte	**attraktiv**
Kategorie III	234-305 Punkte	durchschnittlich
Kategorie IV	162-233 Punkte	wenig attraktiv
Kategorie V	90-161 Punkte	unattraktiv

Tabelle 15-2 *Bewertung der Attraktivität des Wirtschaftsstandortes Österreich*

Gemäß der oben durchgeführten Bewertung nach den allgemeinen Kriterien der Attraktivität eines Wirtschaftsstandortes erzielt Österreich insgesamt 341 Punkte von maximal 450 erreichbaren Punkten. Damit läßt sich Österreich im Rahmen der verwendeten fünfstufigen Skala („sehr attraktiver" Standort bis „unattraktiver" Standort) in Kategorie II – „attraktiver" Standort – einordnen.

Auf der Basis der vorgenommenen Bewertung lassen sich für den Standort Österreich die nachfolgend dargestellten ökonomischen Trends formulieren.

Standort Österreich – Trends	Zeitrahmen		
	kurzfristig	mittelfristig	langfristig
BIP	geringes Wachstum aufgrund rezessiver Erscheinungen	positiver Trend zu erwarten	moderates Wachstum, gekoppelt an die Weltkonjunktur
Nachfrage	stagnierend	leicht steigend	leicht steigend, in Abhängigkeit von der konjunturellen Entwicklung
Staatshaushalt	„Nulldefizit" angestrebt	„Nulldefizit" schwierig zu halten	Sparkurs der Vergangenheit schafft Nachholbedarfe, die Investitionen erfordern
Inflation/Preise	relativ geringe Inflation, Preisstabilität		
Zinsen	niedriges Niveau	steigende Tendenz	höheres Niveau als derzeit
Beschäftigung	relativ niedrige Arbeitslosigkeit mit Abhängigkeit von der konjunkturellen Entwicklung		Gefahr steigender Arbeitslosigkeit durch Auswirkung der EU-Erweiterung
Löhne	relativ konstant, Lohnkosten hoch durch hohes Niveau der Lohnnebenkosten		
Außenhandel	traditionelle Exporterfolge durch spezialisierte Qualitätsprodukte, Importe übersteigen Exporte		
Zahlungsbilanz	defizitär aufgrund eines konstant die Exporte übersteigenden Importvolumens		
Auslandsverschuldung	angestrebtes „Nulldefizit" stabilisiert die Staatsverschuldung	Staatsverschuldung wird kaum auf konstantem Niveau gehalten werden können	
Wechselkurs	Euro, verbunden mit allen damit verbundenen Chancen und Risiken		

Tabelle 15-3 *Standort Österreich – ökonomische Trends*

Aus den Stärken und Schwächen sowie den ökonomischen Trends hinsichtlich des Wirtschaftsstandortes Österreich lassen sich allgemeine Bedarfe zu dessen künftiger Stärkung ableiten.

Bereiche	Bedarfe zur Stärkung des Standortes Österreich
Bildung, Innovation & Forschung	• bessere Nutzung der Ressourcen in der Erstausbildung • mehr Investitionen in die Weiterbildung • stärkere Orientierung des Bildungswesens an Veränderungen • Verbesserung des Internationalitätsbezugs • Erhöhung der F&E-Quote auf OECD-Niveau (mind. 2,5 % des BIP als Ziel) • Nutzung des Potentials von Wachstumsbranchen (z.B. IT, Biotechnologie) • verstärkte Clusterorientierung der Technologiepolitik • Verbesserung des Forschungsklimas (vgl. *incentives*) • Sicherung einer langfristigen Forschungsfinanzierung
Rahmenbedingungen für Unternehmen	• Maßnahmen zur Sicherung der Wettbewerbsposition Österreichs nach der EU-Erweiterung (z.B. Konzeption strategischer Geschäftsbeziehungen mit den Beitrittskandidaten, Mitgestaltung der Entwicklungsmaßnahmen, Informationskampagne über die politischen und wirtschaftlichen Auswirkungen)[154] • weiteres Vorantreiben der Export- und Technologieoffensive • Durchforstung des bestehenden Rechtsbestandes mit Bedachtnahme auf die Erhaltung der Rechtssicherheit • Modernisierung vieler Rechtsbereiche (z.B. Gewerbeordnung, Anlagenrecht, Wettbewerbsrecht) • Vorantreiben einer Verwaltungsreform (vgl. One-stop-shop-Prinzip, e-government) unter Berücksichtigung der Konzentration auf Kernkompetenzen (vgl. Ausgliederung, Privatisierung, Outsourcing) • Erleichterung des Selbständigmachens bzw. von Unternehmensgründungen
Kostensituation	• Senkung der Steuer- und Abgabenlast (vgl. Lohnnebenkosten, Investitionsbegünstigungen) • Verzicht auf die Einführung neuer Belastungen
Infrastruktur	• integrierter Ausbau aller Verkehrsträger (vgl. Zweckbindung der Erträge aus Road-Pricing u.ä.) • Ausbau der Telekom-Kapazitäten • Diskussion von Reformen auf dem Sektor der Umweltpolitik (vgl. Anwendung marktwirtschaftlicher Instrumente)

[154] siehe dazu Gasteyger, Curt: Strategische Folgen der EU-Osterweiterung, in: Reiter, Erich (Hrsg.): Jahrbuch für internationale Sicherheitspolitik 2001, Hamburg/Berlin/Bonn 2001, 157ff; o.V.: Nichterweiterung wäre teuer, in: Der Standard, 01.03.2002, 19

Fortsetzung

Bereiche	Bedarfe zur Stärkung des Standortes Österreich
Sozialsystem	• Forcierung des Prinzips der Eigenvorsorge • Erhöhung der Treffsicherheit des Transfersystems • arbeitsmarktpolitische Maßnahmen (vgl. Flexibilisierung) • Verbesserung der Gesundheitsfürsorge

Tabelle 15-4 *Allgemeine Bedarfe zur Stärkung des Wirtschaftsstandortes Österreich*

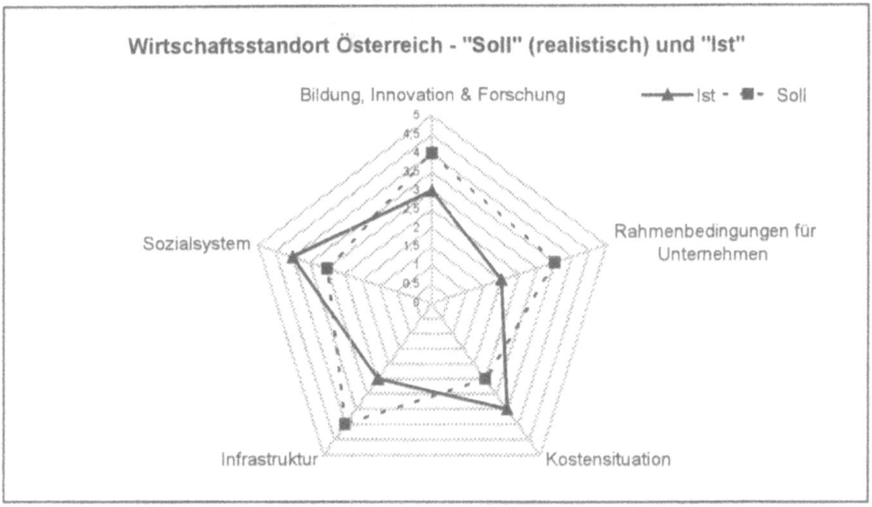

Abbildung 15-3 *Standort Österreich – Soll und Ist*

Die relativ günstige Standortsituation Österreichs und seine nicht schlechten kurz-, mittel- und langfristigen Perspektiven scheinen auch ausländische Investoren[155] zu schätzen, wie die Entwicklung der Direktinvestitionen in Österreich zeigt. Diese sind in den vergangenen Jahren stetig angestiegen, eine Entwicklung, die auch in jüngster Zeit

[155] Österreichische Importe bzw. die entsprechenden Handelspartner werden nicht betrachtet.

angehalten hat.[156] Die konkrete Entwicklung der ausländischen Direktinvestitionen in Österreich stellt sich wie folgt dar:

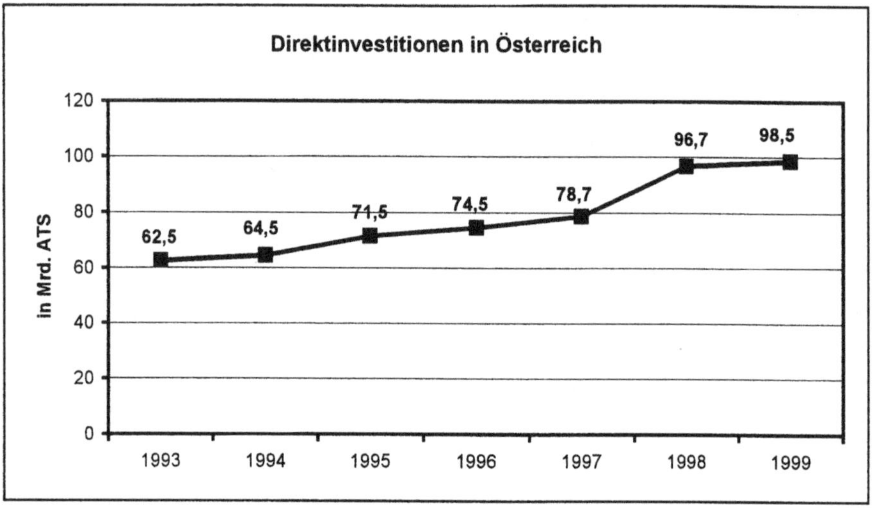

Abbildung 15-4 *Entwicklung der ausländischen Direktinvestitionen in Österreich*[157]

Betrachtet man die Herkunft der gesamten ausländischen Direktinvestitionen, zeigt sich, daß mehr als 70 % aus der EU kommen. Dabei nehmen die Nachbarländer wiederum den Hauptanteil ein. Deutschland stellt mit nahezu der Hälfte der Gesamtvolumens den wichtigsten Investor dar. Bedeutend ist in dieser Hinsicht auch die Schweiz (inkl. Liechtenstein) mit einem Anteil von rund 11 %. Nicht einmal 15 % des entsprechenden Volumens stammen aus Übersee.

Die ausländischen Direktinvestitionen in Österreich nach wesentlichen Herkunftsländern (gemessen am Nominalkapital) setzen sich folgendermaßen zusammen:

---

[156] Gemessen am gesamten Volumen der Direktinvestitionen im „Euro-Gebiet" i.H.v. EUR 214 Mrd. (2000) ist der Anteil Österreichs mit EUR 10 Mrd. freilich klein.

[157] vgl. Oesterreichische Nationalbank: Österreichische Direktinvestitionen im Ausland und ausländische Direktinvestitionen in Österreich – Stand per Ende 1999, in: Statistisches Monatsheft der Oesterreichischen Nationalbank, 6/2001, 13

Länder	1995 Anteil in %	2000 in Mio. EUR	2000 Anteil in %
Deutschland	41,2	6.992	62,2
Schweiz, Liechtenstein	14,9	819	7,4
Italien	3,3	590	5,3
Niederlande	8,4	480	4,3
USA	6,3	470	4,2
Großbritannien	4,4	301	2,7
Frankreich	4,5	258	2,3
Japan	4,2	219	2,0
Golfstaaten	3,2	175	1,6
Schweden	1,5	107	1,0
Russische Föderation	1,6	84	0,8
Belgien	0,5	80	0,7
Norwegen	0,3	46	0,4
Restliche Länder	5,1	567	5,1
Insgesamt	100,0	11.088[158]	100,0

Tabelle 15-5 *Ausländische Direktinvestitionen in Österreich nach wesentlichen Herkunftsländern (gemessen am Nominalkapital)*[159]

Bei allem Vertrauen in den Standort Österreich rangiert Österreich bei der tatsächlichen Ansiedlungswahrscheinlichkeit, die alle relevanten Kriterien berücksichtigt, im EU-Vergleich allerdings nur am unteren Ende.[160] Trotz guter Voraussetzungen scheinen sich Unternehmen in letzter Konsequenz doch eher für alternative Standorte, die einen bestimmten Vorteil in ganz besonderem Maß bieten, zu entscheiden. Bevorzugte Zielländer für Unternehmensansiedlungen in der EU sind[161]:

---

[158] Gesamtbestand der über die Zeit getätigten ausländischen Direktinvestitionen in Österreich

[159] Oesterreichische Nationalbank: Österreichische Direktinvestitionen im Ausland und ausländische Direktinvestitionen in Österreich – Stand per Ende 2000, in: Statistisches Monatsheft der Oesterreichischen Nationalbank, 6/2002, 13

[160] vgl. Felderer, Bernhard: Standortattraktivität Österreichs im europäischen Steuerwettbewerb, Wien 2002

[161] o.V.: Kampf um Auslandsinvestoren wird härter, in: Der Standard, 19.03.2002, 19

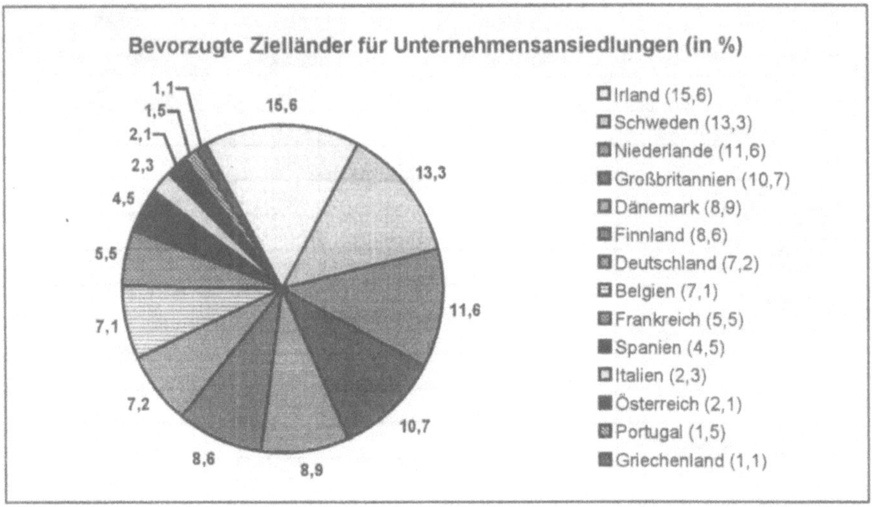

***Abbildung 15-5** Bevorzugte Zielländer für Unternehmensansiedlungen in der EU*[162]

Der kontinuierlichen Arbeit an der Beseitigung von Standortnachteilen kommt vor diesem Hintergrund spezielle Bedeutung zu; deutlicher gesagt gilt es, – teilweise längst ausstehende – Probleme zu lösen, um im internationalen Standortwettbewerb konkurrenzfähig zu bleiben und durch eventuelle politische Versäumnisse nicht den Anschluß zu verlieren.

16 Fazit

Zunächst stellt sich die Frage, inwieweit sich die österreichische Neutralität auf die bisherige wirtschaftliche Entwicklung ausgewirkt hat.

In Zeiten des „Eisernen Vorhangs" war die Neutralität wirtschaftlich von großem Vorteil, weil viele internationale Konzerne den Standort Österreich, insbesondere Wien, gewissermaßen als „Brückenkopf" für wirtschaftliche Aktivitäten mit dem RGW/Comecon jahrzehntelang bis zum politischen Umbruch ab 1989 genutzt haben.

162 o.V.: Kampf um Auslandsinvestoren wird härter, in: Der Standard, 19.03.2002, 19

Nach Wegfall der damaligen Rahmenbedingungen und Restriktionen hat sich dies praktisch erübrigt. Nach wie vor nutzen aber zahlreiche ausländische Firmen Österreich als Basis für den Auf- und Ausbau von Geschäftsbeziehungen bzw. Auslandsinvestitionen in den nunmehrigen mittel- und osteuropäischen Ländern. Dieser Umstand ist allerdings hauptsächlich auf geographische Aspekte und auf vielfach bestehende Beziehungen zurückzuführen und weniger neutralitätspolitisch bedingt.

Die österreichische Exportwirtschaft hat aufgrund des neutralen Status Österreichs mit hoher Wahrscheinlichkeit gelegentlich Geschäftsabschlüsse im Ausland getätigt, die sie sonst nicht getätigt hätte. Möglicherweise entstanden aufgrund des Neutralitätsstatus auch spezielle Geschäftsbeziehungen. Ein Beispiel dafür wären die Lieferbeziehungen mit Saab (vgl. Draken), die auch Gegengeschäfte nach sich gezogen haben und sich dieserart wirtschaftsstimulierend ausgewirkt haben. Andererseits ist anzumerken, daß auch Produkte anderer Lieferanten aus nicht-neutralen Staaten in Frage gekommen wären.

In bezug auf die österreichische Rüstungsindustrie und ihre geschäftlichen Möglichkeiten im internationalen Kontext hat sich die Neutralität vielfach als Nachteil erwiesen. Erinnert sei an die Beispiele der Unternehmen Noricum und Steyr, die weltweit gefragte Produkte produzierten, aber nicht exportieren konnten.

Zweifellos hat das außenpolitische Engagement von Bruno Kreisky eminent dazu beigetragen, Wien als Sitz internationaler Organisationen zu etablieren. Dieser Umstand ist von nachhaltigen wirtschaftlichen Auswirkungen begleitet. Zu nennen sind in diesem Zusammenhang eine Stimulierung der Wirtschaft durch Bauaktivitäten, Zuzug, Konferenztourismus, die Schaffung von Arbeitsplätzen sowie im allgemeinen die Entstehung von Kaufkraft und Nachfrage.

Weiters ist zu hinterfragen, wie die wirtschaftliche Entwicklung hätte verlaufen können, wenn Österreich nicht neutral gewesen wäre.

Wäre Österreich nicht neutral gewesen, hätte es eventuell früher und verstärkt auch von den wirtschaftlichen Möglichkeiten der europäischen Gemeinschaft profitieren können. Als Beispiele wären hier Investitionsförderungen, Agrarsubventionen sowie Unterstützung aufgrund der geographischen Sonderlage zu nennen. Andererseits hätte dies auch viele mit finanziellen Aufwendungen verbundene Pflichten nach sich gezogen.

Mit einer nicht geringen Wahrscheinlichkeit hätte Österreich in diesem Fall auch auf die genannten Vorteile verzichten müssen, die sich aus seinem Sonderstatus ergeben haben.

Eine Quantifizierung der tatsächlichen Entwicklung vor diesem Hintergrund bzw. die Effekte alternativer Entwicklungswege gestaltet sich allerdings äußerst schwierig.

Schließlich bleibt zu fragen, ob es sich für Österreich als hinderlich darstellt, am Status der Neutralität festzuhalten.

Angesichts des Umstandes, daß Österreich spätestens seit dem Beitritt zur EU de facto nicht mehr neutral ist und im Zuge des europäischen Integrationsprozesses zunehmend eine gemeinsame Politik in allen Bereichen angestrebt wird, stellt sich endgültig die Frage nach der wirtschaftlichen Entwicklung Österreichs im Kontext der EU.

In wirtschaftlicher Hinsicht ist die Neutralität nicht mehr wirklich relevant; dies ungeachtet der Tatsache, daß die Neutralität auf politischer Ebene heftig diskutiert wird und deren de jure Aufgabe aufgrund ihres identitätsstiftenden Charakters schwer durchsetzbar sein wird.

Wirtschaftlich ist Österreich unwiderruflich ein integraler Bestandteil der Europäischen Union, was sich nicht zuletzt mit der Einführung einer gemeinsamen Währung manifestiert hat. Diesbezügliche Alternativen bzw. eine wie immer geartete „Rückfahrkarte“ gibt es nicht. Realistischerweise besteht daher für Österreich ausschließlich die Möglichkeit, seine künftige wirtschaftliche Entwicklung – mit allen Vor- und Nachteilen – im Kontext der EU zu gestalten.

Tatsächlich scheint dies, wie die gegenwärtigen Entwicklungen zeigen, viele Vorteile im Sinne von Befruchtungs- und Synergieeffekten mit sich zu bringen, wie dies vor allem die stimulierende Wirkung der Grundfreiheiten zeigt. Nachteilig sind die damit einher gehenden Verpflichtungen, die sich vor allem in Form von (wirtschafts-)poli-tischen Vorgaben darstellen.

Wie die oben durchgeführten Einschätzungen der volkswirtschaftlichen Situation Österreichs und seiner Standortattraktivität zeigen, wäre es auch kaum sinnvoll, sich vor dem Hintergrund einer durchschnittlichen ökonomischen Entwicklung isolieren zu wollen und damit auch auf die Vorteile, die ein offenbar attraktiver Standort bietet, zu verzichten.

Als in jeder Hinsicht voll integriertes Mitglied der EU ist man zudem besser in der Lage, Themen aller Politikbereiche aktiv mitzugestalten. Ein Beispiel dafür ist die Transitproblematik, ein noch wichtigeres die Erweiterung der EU – im Falle Österreichs um alle seine östlichen Nachbarländer, die sich stark um ein schnelle Einbindung in alle Bereiche und Aktivitäten der EU bemühen. Dies ist nicht zuletzt in bezug auf ihre NATO-Mitgliedschaft deutlich geworden. Österreich ist in diesem Zusammenhang angeraten, seine Interessen entsprechend zu wahren.

Der Weg über die EU würde Österreich mehr oder weniger zwangsläufig auch in die NATO führen, damit verbunden ist mittelfristig die Notwendigkeit der Erfüllung der Auflagen, die aus der gemeinsamen Außen- und Sicherheitspolitik resultieren. Mit diesem Umstand wären aufgrund der geplanten Verstärkung der militärischen Verteidigung jedenfalls eine wahrscheinlich nicht unbeträchtliche Erhöhung der Militärausgaben, aber auch unbestreitbare Vorteile für die österreichische Rüstungsindustrie und ihre Zulieferer verbunden. Wirtschaftliche Vorteile könnten sich darüber hinaus insofern ergeben, als man im Gefolge von internationalen Einsätzen im Rahmen der Gemeinschaft möglicherweise an wirtschaftlichen Aktivitäten beteiligt werden könnte. Diesbezüglich sind im Zusammenhang mit dem Thema „Civil Military Co-operation“ (CIMIC) von seiten Österreichs bereits Überlegungen im Gange.

Anhang C

17 Neutralitätsgesetz: Bundesverfassungsgesetz vom 26. Oktober 1955, BGBl. Nr. 211, über die Neutralität Österreichs

Artikel I:

1. Zum Zwecke der dauernden Behauptung seiner Unabhängigkeit nach außen und zum Zwecke der Unverletzlichkeit seines Gebietes erklärt Österreich aus freien Stücken seine immerwährende Neutralität. Österreich wird diese mit allen ihm zu Gebote stehenden Mitteln aufrechterhalten und verteidigen.

2. Österreich wird zur Sicherung dieser Zwecke in aller Zukunft keinen militärischen Bündnissen beitreten und die Errichtung militärischer Stützpunkte fremder Staaten auf seinem Gebiete nicht zulassen.

18 Österreich und die EU

18.1 Wortlaut der österreichischen Anträge um Aufnahme in die Europäischen Gemeinschaften vom 17.07.1989 [Schreiben Mock an Dumas]

Herr Präsident!

Im Namen der Republik Österreich habe ich die Ehre, unter Bezugnahme auf Artikel 237 des Vertrages zur Gründung der Europäischen Wirtschaftsgemeinschaft den Antrag auf Mitgliedschaft Österreichs in der Europäischen Wirtschaftsgemeinschaft zu stellen.

Österreich geht bei der Stellung dieses Antrages von der Wahrung seines international anerkannten Status der immerwährenden Neutralität, die auf dem Bundesverfassungsgesetz vom 26. Oktober 1955 beruht, sowie davon aus, daß es auch als Mitglied der Europäischen Gemeinschaften aufgrund des Beitrittsvertrages in der Lage sein wird, die ihm aus seinem Status als immerwährend neutraler Staat erfließenden rechtlichen Verpflichtungen zu erfüllen und seine Neutralitätspolitik als spezifischen Beitrag zur Aufrechterhaltung von Frieden und Sicherheit in Europa fortzusetzen.

Genehmigen Sie, Herr Präsident, den Ausdruck meiner vorzüglichen Hochachtung.

S.E. Herrn Roland DUMAS

Präsident des Rates
der Europäischen Gemeinschaften

B r ü s s e l

18.2 Erklärung von BMA Dr. Alois Mock anläßlich der Überreichung der österreichischen Beitrittsansuchen am 17.07.1989[122]

1. Österreich nimmt als europäischer, demokratischer, pluralistischer Staat mit freier Marktwirtschaft das in den EG-Verträgen verankerte Recht in Anspruch, einen Antrag auf Mitgliedschaft zu stellen.

2. In der Präambel des EWG-Vertrages bringen die Mitgliedstaaten der Europäischen Gemeinschaften ihre Entschlossenheit zum Ausdruck, durch den Zusammenschluß ihrer Wirtschaftskräfte Frieden und Sicherheit zu wahren und zu festigen und richten die Aufforderung an die anderen Völker Europas, die sich zu dem gleichen hohen Ziel bekennen, sich diesen Bestrebungen anzuschließen.

3. Mit dem Beitrittsantrag bringt Österreich seinen Wunsch zum Ausdruck, vollberechtigtes Mitglied der Europäischen Gemeinschaften zu werden und alle Rechte und Pflichten aus den Verträgen zu übernehmen.

---

[122] Quelle: Gerhard Kunnert, Spurensicherung auf dem österreichischen Weg nach Brüssel (Schriftenreihe Europa des Bundeskanzleramts), Wien 1992, S. 64 f.

4. Österreich ist am Gelingen des europäischen Einigungs- und Friedenswerkes in besonderem Maße interessiert und wünscht den Erfolg der Europäischen Gemeinschaften. Als Mitgliedsstaat wird es selbstverständlich bereit sein, die Solidarität zu üben, die ein solches Einigungswerk erfordert. Als hoch entwickeltes Industrieland wird Österreich aufgrund seines Bruttonationalproduktes ein sogenannter „Nettozahler" sein. Es wird zu den Bestrebungen für eine intensivierte wirtschaftliche und soziale Kohäsion beitragen

5. Die Neutralität Österreichs ist sein spezifischer Beitrag zur Aufrechterhaltung von Frieden und Sicherheit in Europa – ein Beitrag, der seine Entsprechung in der Präambel des EWG-Vertrages findet und die lautet: „Frieden und Freiheit zu wahren und zu festigen."

6. Das österreichische Interesse an einem Beitritt zu den Europäischen Gemeinschaften beruht nicht nur auf ökonomischen Überlegungen. Es ist insbesondere Ausdruck seines europäischen Selbstverständnisses und der Überzeugung, daß die wachsende Einheit Europas am besten und konkretesten den Frieden auf diesem Kontinent sichert.

7. Einige spezifische Punkte verdeutlichen den österreichischen Beitrittsantrag:

die geopolitische Lage Österreichs im Herzen Europas,

- die tiefe Verbundenheit des österreichischen Volkes mit den Idealen und Motiven des europäischen Einigungswerkes,
- die Tatsache, daß 70 Prozent des Wirtschaftsverkehrs (Handel und Dienstleistungen) auf die EG entfallen,
- ein spezifisches Interesse im ökologischen Bereich – hier sind die Sachzwänge zumindest ebenso groß wie im wirtschaftlichen Bereich; eine wirksame Umweltpolitik ist nur grenzüberschreitend vorstellbar,
- eine zukunftsorientierte europäische Verkehrspolitik, die in Anbetracht der geographischen Lage unseres Landes nur in enger Zusammenarbeit mit Österreich zu verwirklichen ist.

8. Dieser Beitrittsantrag ordnet sich auch in die Kontinuität der österreichischen Integrationspolitik ein. Österreich hat sein Engagement, maximal am europäischen Integrationsprozeß in seinen verschiedenen Entwicklungsphasen teilzunehmen, wiederholt bekundet: so bei der Gründung der OEEC (Europäische Organisation für wirtschaftliche Zusammenarbeit), dann im Europarat und in der EFTA (Europäische Freihandelsassoziation); und vor allem durch den Abschluß der Freihandelsabkommen mit den Europäischen Gemeinschaften. Österreich hat dabei das Ziel vor Augen, nicht vom Integrationsprozeß der Gemeinschaft ausgeschlossen zu werden, sondern an ihm in weitestmöglicher Form teilzunehmen.

9. Österreich erwartet sich von der Gemeinschaft eine offene, konstruktive Haltung. Es geht davon aus, daß die normalen, üblichen Prozeduren auch für die österreichischen Beitrittsanträge eingeleitet werden. Österreich hofft daher, daß die EG-Kommission ohne Verzögerung mit der Ausarbeitung der Stellungnahme an den EG-Ministerrat beauftragt wird.

10. Bis zum Beitritt wird Österreich ein loyales und aktives EFTA-Mitglied bleiben. Es liegt im österreichischen Interesse, möglichst rasch sektorielle Lösungen zwischen der Gemeinschaft und den EFTA-Staaten verwirklichen zu können. Dieser „acquis“ aus der EFTA-EG-Zusammenarbeit wird später auch von Österreich als EG-Mitglied automatisch übernommen werden.

In diesem Zusammenhang wird Österreich auch gemeinsam mit seinen EFTA-Partnern, alle Möglichkeiten für eine verbesserte Zusammenarbeit mit der Gemeinschaft prüfen, die sich aus den von Präsident Delors am 17. Jänner 1989 geäußerten Vorstellungen ergeben könnten.

19 Volksbegehren: Bundesverfassungsgesetz über die Sicherung der Neutralität Österreichs

Das Bundesverfassungsgesetz über die Neutralität Österreichs, BGBl. Nr. 211/1955, wird ergänzt wie folgt:

Nach Artikel I wird eingefügt:

Artikel Ia

(1) Die Bundesregierung hat alles zu unterlassen, was auf eine Änderung der völkerrechtlichen Verpflichtungen Österreichs als immerwährend neutraler Staat hinwirken könnte.

(2) Verhandlungen über den Beitritt zu oder die Assoziierung mit supranationalen Organisationen oder Bündnissen, die eine gemeinsame Verteidigungspolitik betreiben oder anstreben, dürfen nur auf Grund einer vorhergegangenen Volksabstimmung geführt werden.

Begründung

Seit dem EU-Beitritt gerät die immerwährende Neutralität der unabhängigen Republik Österreich immer mehr unter Beschuss. Die Angriffe kommen einerseits aus Brüssel und andererseits von Politikern und Journalisten der Republik Österreich.

Vor der EU-Abstimmung wurde den Österreichern hoch und heilig versprochen, dass Österreich auch nach einem etwaigen EU-Beitritt seine bewährte Neutralität behalten werde. Und ohne dieses Versprechen wäre die EU-Abstimmung ganz anders ausgegangen.

Die Initiatoren und Unterstützer des Volksbegehrens zur Sicherung der Neutralität Österreichs wollen jenen politischen Kräften in Österreich den Rücken stärken, die sich an dieses Versprechen erinnern und sich daran gebunden fühlen.

Denn die große Mehrheit der Österreicher (zirka 80 %) ist auch heute unverändert davon überzeugt, dass die immerwährende Neutralität Österreichs der beste Garant für Sicherheit und Frieden in Österreich ist.

Wien, am 1. Dezember 1995

20 Eurobarometer 59 (Frühjahr 2003; Auszug)[123]

---

[123] Quelle: Gerhard Kunnert, Spurensicherung auf dem österreichischen Weg nach Brüssel (Schriftenreihe Europa des Bundeskanzleramts), Wien 1992, S. 64 f.

	Zustimmung GESVG[1]	Zustimmung GASP[2]	Entscheidungen über Verteidigung[3]	Entscheidungen über Außenpolitik[4]	Europäische Verteidigung[5]
B	80 (+1)	73 (+4)	63 (+7)	80 (-1)	51 (+8)
DK	57 (-2)	55 (-2)	37 (-5)	55 (-4)	29 (+2)
D	81 (+2)	77 (+4)	59 (+8)	75 (+1)	47 (+6)
GR	84 (+5)	82 (+3)	46 (+6)	76 (+7)	67 (+4)
E	76 (-3)	70 (-3)	60 (+5)	78 (=)	47 (-1)
F	77 (=)	69 (+3)	47 (-3)	77 (-1)	58 (+9)
IRL	51 (-1)	61)+1)	35 (+1)	71 (=)	33 (+2)
I	86 (+1)	79 (-1)	59 (-1)	80 (-2)	69 (+5)
L	92 (+4)	84 (+6)	68 (+5)	74 (-5)	62 (+5)
NL	78 (+3)	71 (+1)	58 (-2)	76 (+2)	47 (+1)
A	62 (-3)	65 (-5)	37 (-8)	57 (-7)	41 (-6)
P	75 (+1)	62 (-2)	48 (=)	68 (+1)	49 (+3)
FIN	51 (+3)	56 (+2)	6 (=)	64 (+2)	47 (+12)
S	56 (+6)	55 (+1)	20 (+1)	60 (+4)	50 (+5)
UK	47 (-2)	37 (-1)	32 (-2)	58 (+1)	26 (+6)
EU	**74 (+1)**	**67 (+1)**	**50 (+2)**	**73 (=)**	**49 (+5)**

[1] Wie ist Ihre Meinung zu den folgenden Vorschlägen? Bitte sagen Sie mir für jeden Vorschlag, ob Sie dafür oder dagegen sind – GESVG (dafür).

[2] Wie ist Ihre Meinung zu den folgenden Vorschlägen? Bitte sagen Sie mir für jeden Vorschlag, ob Sie dafür oder dagegen sind – GASP (dafür).

[3] Sagen Sie mir bitte für jeden der folgenden Bereiche, ob er Ihrer Meinung nach von der Bundesregierung oder gemeinsam innerhalb der EU entschieden werden sollte (Entscheidung gemeinsam innerhalb der EU) – Verteidigung

[4] Sagen Sie mir bitte für jeden der folgenden Bereiche, ob er Ihrer Meinung nach von der Bundesregierung oder gemeinsam innerhalb der EU entschieden werden sollte (Entscheidung gemeinsam innerhalb der EU) – Außenpolitik gegenüber Ländern außerhalb der EU.

[5] Sollten Ihrer Meinung nach Entscheidungen, die die GESVP betreffen, von den nationalen Regierungen, von der NATO oder von der EU getroffen werden? Die EU.

21 Ökonomische Eckdaten – Österreich im internationalen Vergleich

Die folgenden Eckdaten zur ökonomischen Situation Österreichs sollen der Fundierung der zu treffenden Einschätzungen dienen bzw. diese besser nachvollziehbar gestalten.

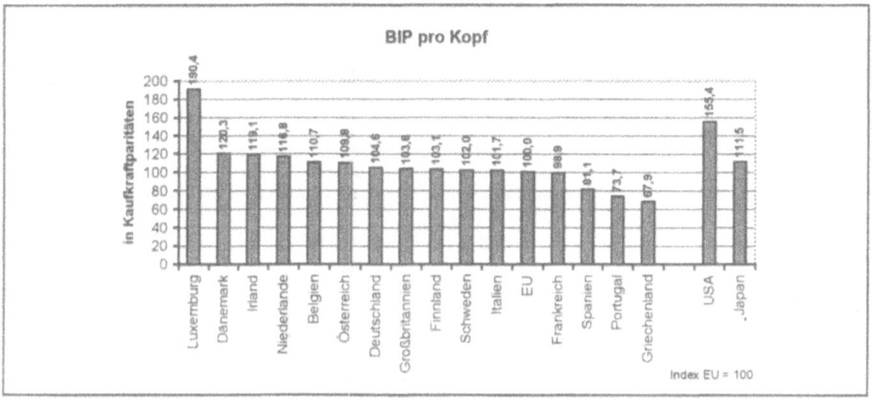

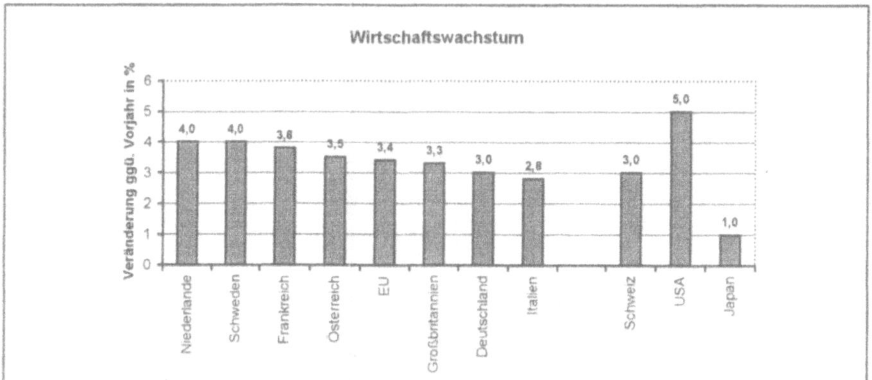

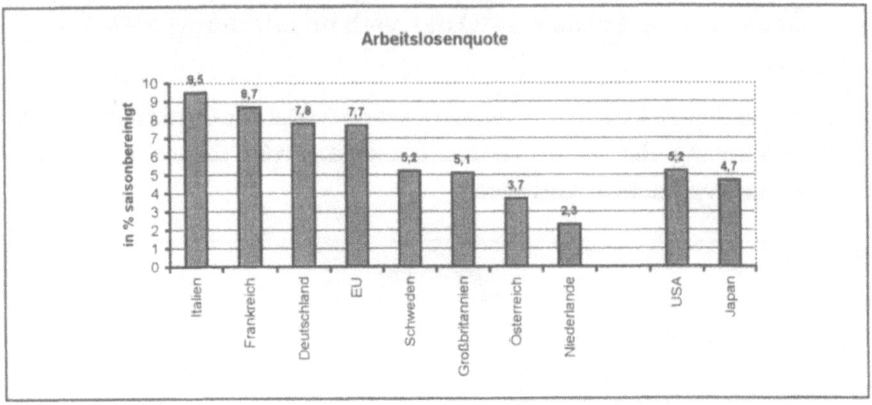
Arbeitslosenquote
in % saisonbereinigt
10
9
8
7
6
5
4
3
2
1
0
9,5
8,7
7,8
7,7
5,2
5,1
3,7
2,3
5,2
4,7
Italien
Frankreich
Deutschland
EU
Schweden
Großbritannien
Österreich
Niederlande
USA
Japan

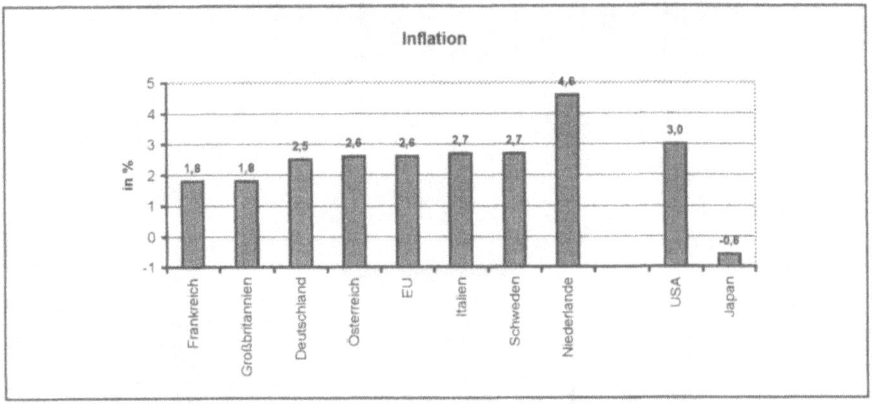
Inflation
in %
5
4
3
2
1
0
-1
1,8
1,8
2,5
2,6
2,6
2,7
2,7
4,6
3,0
-0,6
Frankreich
Großbritannien
Deutschland
Österreich
EU
Italien
Schweden
Niederlande
USA
Japan

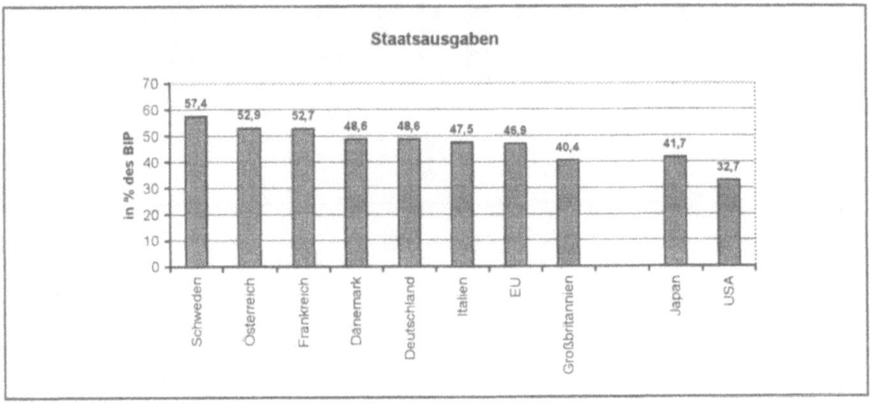
Staatsausgaben
in % des BIP
70
60
50
40
30
20
10
0
57,4
52,9
52,7
48,6
48,6
47,5
46,9
40,4
41,7
32,7
Schweden
Österreich
Frankreich
Dänemark
Deutschland
Italien
EU
Großbritannien
Japan
USA

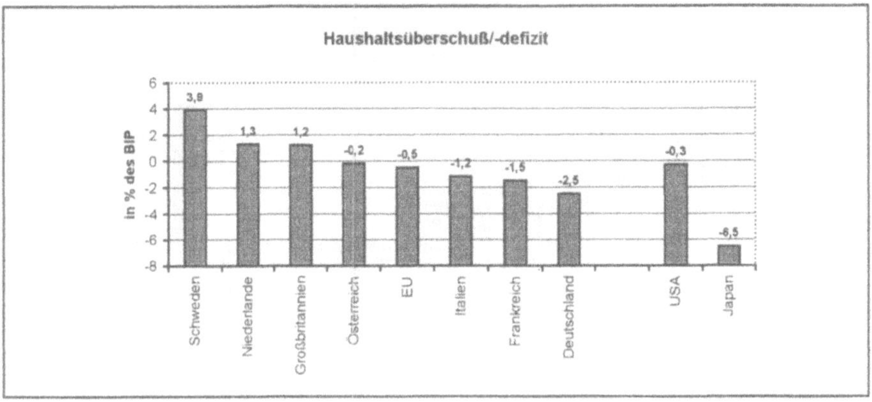
Haushaltsüberschuß/-defizit
in % des BIP
6
4
2
0
-2
-4
-6
-8
3,9
1,3
1,2
-0,2
-0,5
-1,2
-1,5
-2,5
-0,3
-6,5
Schweden
Niederlande
Großbritannien
Österreich
EU
Italien
Frankreich
Deutschland
USA
Japan

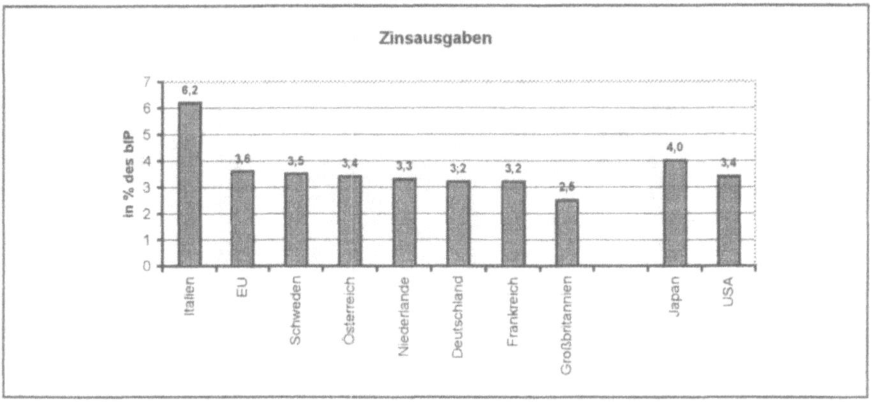
Zinsausgaben
in % des bIP
7
6
5
4
3
2
1
0
6,2
3,6
3,5
3,4
3,3
3,2
3,2
2,6
4,0
3,4
Italien
EU
Schweden
Österreich
Niederlande
Deutschland
Frankreich
Großbritannien
Japan
USA

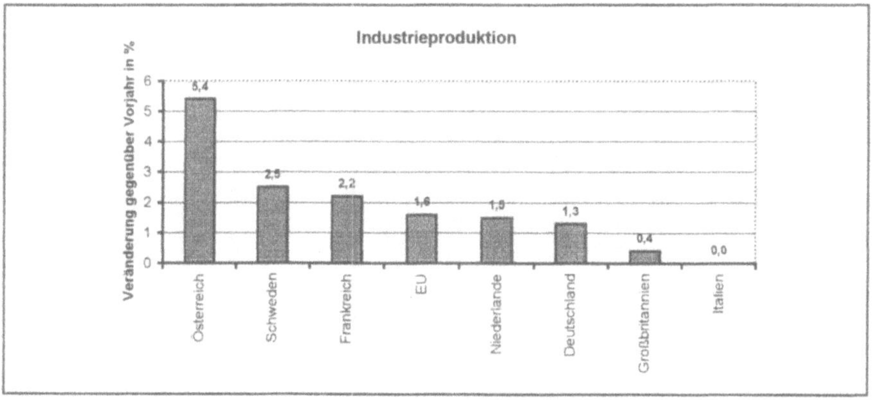
Industrieproduktion
Veränderung gegenüber Vorjahr in %
6
5
4
3
2
1
0
5,4
2,5
2,2
1,6
1,5
1,3
0,4
0,0
Österreich
Schweden
Frankreich
EU
Niederlande
Deutschland
Großbritannien
Italien

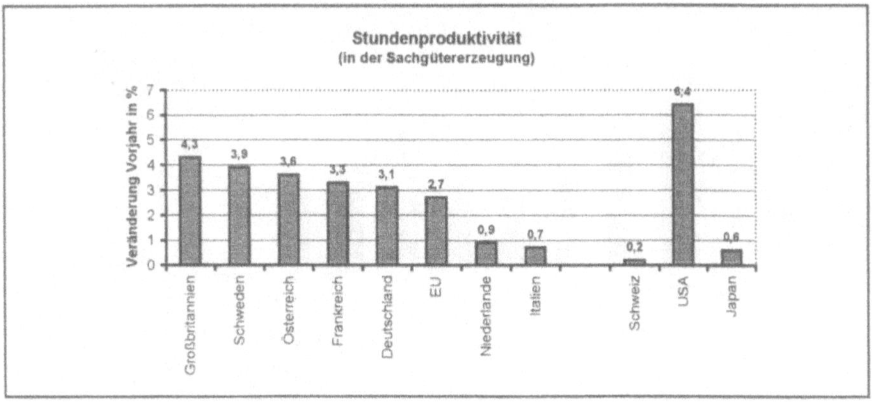
Stundenproduktivität
(in der Sachgütererzeugung)
Veränderung Vorjahr in %
7
6
5
4
3
2
1
0
4,3
3,9
3,6
3,3
3,1
2,7
0,9
0,7
0,2
6,4
0,6
Großbritannien
Schweden
Österreich
Frankreich
Deutschland
EU
Niederlande
Italien
Schweiz
USA
Japan

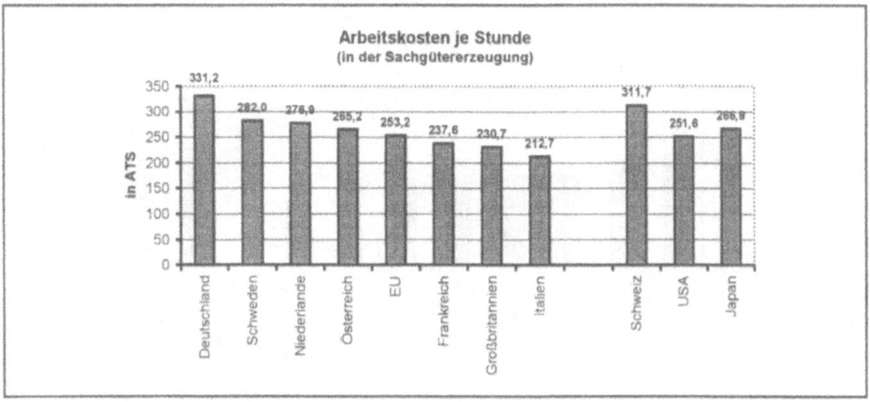
Arbeitskosten je Stunde
(in der Sachgütererzeugung)
in ATS
350
300
250
200
150
100
50
0
331,2
282,0
276,9
265,2
253,2
237,6
230,7
212,7
311,7
251,6
266,9
Deutschland
Schweden
Niederlande
Österreich
EU
Frankreich
Großbritannien
Italien
Schweiz
USA
Japan

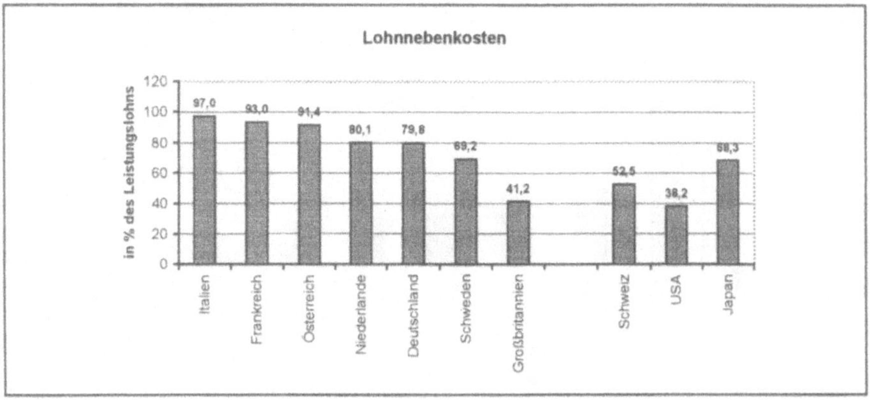
Lohnnebenkosten
in % des Leistungslohns
120
100
80
60
40
20
0
97,0
93,0
91,4
80,1
79,8
69,2
41,2
52,5
38,2
68,3
Italien
Frankreich
Österreich
Niederlande
Deutschland
Schweden
Großbritannien
Schweiz
USA
Japan

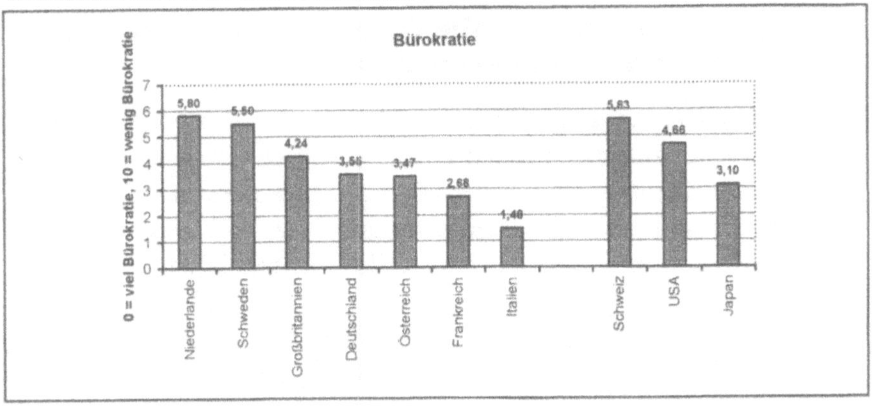
Bürokratie
0 = viel Bürokratie, 10 = wenig Bürokratie
5,80
5,50
4,24
3,56
3,47
2,68
1,48
5,83
4,66
3,10
Niederlande
Schweden
Großbritannien
Deutschland
Österreich
Frankreich
Italien
Schweiz
USA
Japan

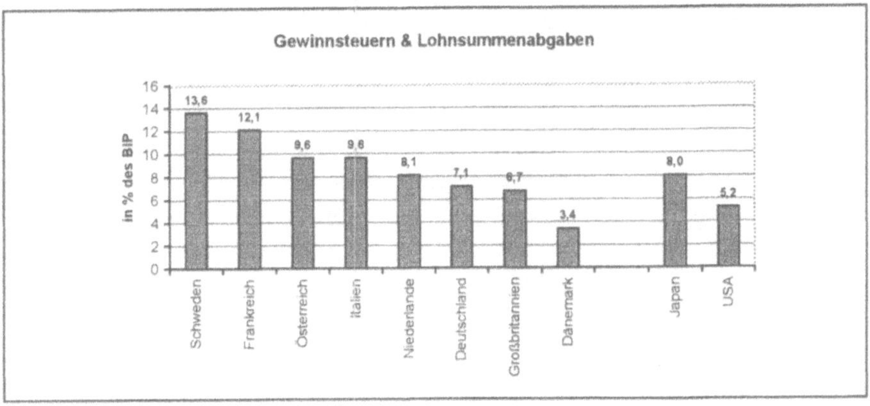
Gewinnsteuern & Lohnsummenabgaben
in % des BIP
13,6
12,1
9,6
9,6
8,1
7,1
6,7
3,4
8,0
5,2
Schweden
Frankreich
Österreich
Italien
Niederlande
Deutschland
Großbritannien
Dänemark
Japan
USA

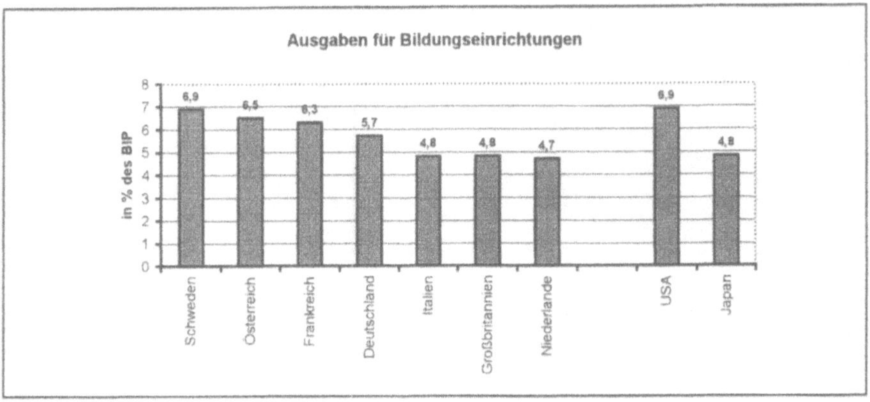
Ausgaben für Bildungseinrichtungen
in % des BIP
6,9
6,5
6,3
5,7
4,8
4,8
4,7
6,9
4,8
Schweden
Österreich
Frankreich
Deutschland
Italien
Großbritannien
Niederlande
USA
Japan

22 Instrumente zur individuellen Bewertung der Markt-, Branchen- und Unternehmenssituation

Im Anschluß an die durchgeführten ökonomischen Analysen ist es für wirtschaftliche Akteure notwendig, ihre jeweilige Situation individuell zu bewerten. Die folgenden Schemata und Checklisten zur Marktanalyse, Branchenanalyse und Unternehmensanalyse (vgl. eigenes Unternehmen, Konkurrenz) sollen dafür eine Hilfestellung leisten.

Kriterien zur Bewertung des österreichischen Marktes	Gewichtung	Bewertung					Wert	Wert max.
		1	2	3	4	5		
Marktspezifische Kriterien								
Marktvolumen								
Marktwachstum								
Marktqualität								
Ertragspotential								
Angebotsvolumen (Kapazität)								
Nachfragepotential								
Kaufkraft der Bevölkerung								
Marktzugang (Markteintrittsbarrieren)								
Konkurrenzsituation								
Wettbewerbsintensität								
Art der Preisbildung								
Spielräume bei der Preisgestaltung								
Vertragsbedingungen								
Substituierbarkeit der Produkte								
Räumliche Nähe zu Kunden								
Räumliche Nähe zu Lieferanten								
Allgemeine Kriterien								
Stabilität der Wirtschaftssituation								
Preis- und Währungsstabilität								
Zinsniveau								
Stetigkeit und Vorhersehbarkeit der Wirtschaftspolitik								
Steuer- und Abgabenbelastung								
Regionale Tarif- und Lohnunterschiede								

Fortsetzung

Kriterien zur Bewertung des österreichischen Marktes	Gewichtung	Bewertung					Wert	Wert max.
		1	2	3	4	5		
Möglichkeiten der Informationsbeschaffung								
Verfügbarkeit und Preise von Rohstoffen								
Verkehrsinfrastruktur (Verfügbarkeit und Zustand von Bahn, Straße, Flugplätzen, Schiffahrtswegen usw.)								
Soziale Stabilität								
Ethnische und religiöse Spezifika								
Summe (Vergleichsbasis)								

Bewertungskriterien von 1 (ungünstig) bis 5 (sehr günstig)		
Gewichtung von 3 (hohe Bedeutung) bis 1 (geringe Bedeutung)		
Gesamtbewertung der Attraktivität des österreichischen Marktes (max. ... Punkte):		
Kategorie I	Punkte	sehr günstig
Kategorie II	Punkte	günstig
Kategorie III	Punkte	durchschnittlich günstig
Kategorie IV	Punkte	wenig günstig
Kategorie V	Punkte	ungünstig

Tabelle 22-1 *Beurteilung der Attraktivität des österreichischen Marktes*[124]

[124] Strunz, Herbert; Dorsch, Monique: Internationalisierung der mittelständischen Wirtschaft – Instrumente zur Erfolgssicherung, Frankfurt/M. u.a. 2001, 99f

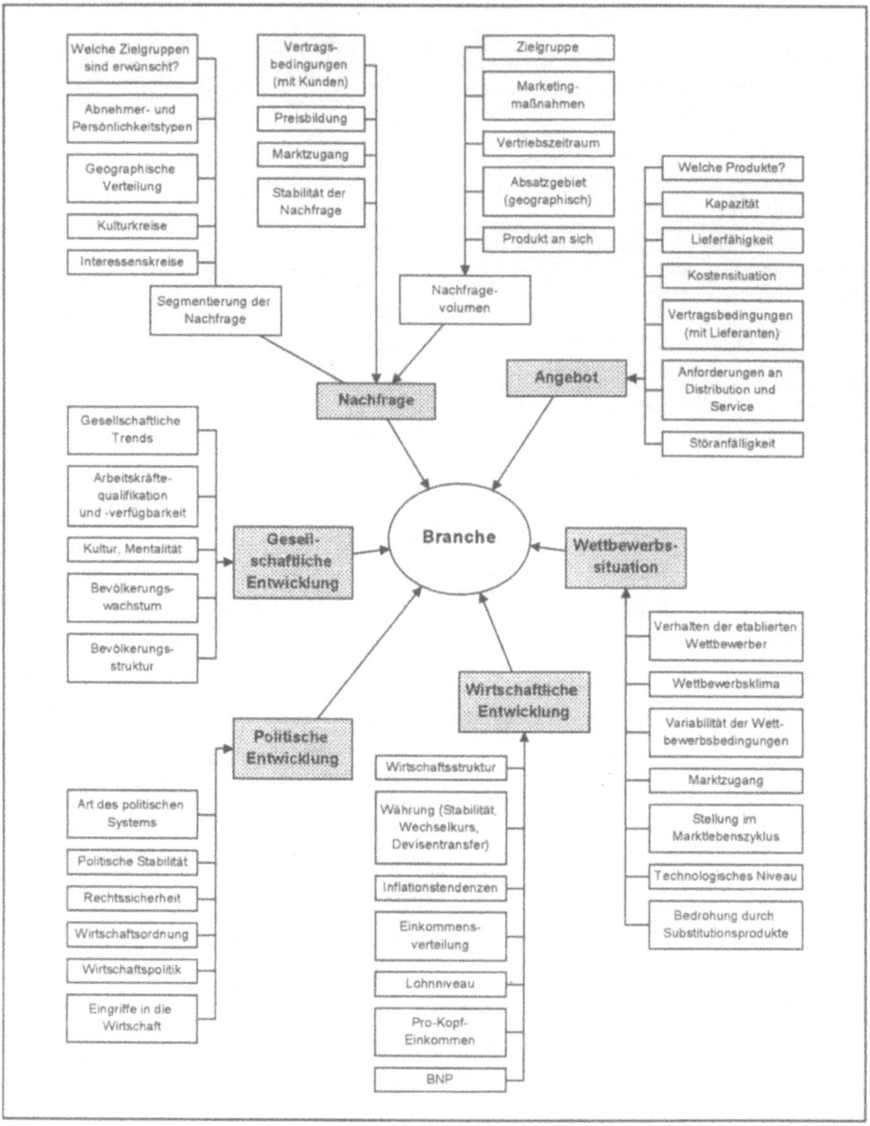

Abbildung 22-1 *Kriterien zur Analyse einer Branche*[125]

[125] Strunz, Herbert; Dorsch, Monique: Internationalisierung der mittelständischen Wirtschaft – Instrumente zur Erfolgssicherung, Frankfurt/M. u.a. 2001, 73

Kriterien zur Bewertung einer Branche	Gewichtung	Bewertung					Wert	Wert max.
		1	2	3	4	5		
Gesellschaftliche Entwicklung								
Kultur/Mentalität								
Gesellschaftliche Trends								
Arbeitskräftequalifikation								
Arbeitskräfteverfügbarkeit								
Politische Entwicklung								
Art des politischen Systems								
Politische Stabilität								
Rechtssicherheit								
Wirtschaftsordnung								
Wirtschaftspolitik								
Staatliche Eingriffe in die Wirtschaft								
Wirtschaftliche Entwicklung								
BNP								
Investitionen in den Verteidigungssektor								
Inflationstendenzen								
Währung (Stabilität, Wechselkurs, Devisentransfer)								
Wirtschaftsstruktur								
Nachfrage (Wie stellt sich der Markt dar?)								
Bedarf an Produkten								
Marktvolumen								
Marktwachstum								
Stabilität der Nachfrage (Dauerhaftigkeit, Substituierbarkeit)								
Marktzugang								
Preisbildung								
Vertragsbedingungen (Verträge mit den Kunden)								
Angebot (Unter welchen Bedingungen kann angeboten werden?)								
Produktspektrum								
Kapazität								

Fortsetzung

Kriterien zur Bewertung einer Branche	Gewichtung	Bewertung 1	2	3	4	5	Wert	Wert max.
Lieferfähigkeit								
Kostensituation (Rentabilität der Branche, Kapitalintensität)								
Vertragsbedingungen (Verträge mit den Lieferanten)								
Anforderungen an Distribution und Service								
Energie- und Rohstoffversorgung (Störungsanfälligkeit)								
Wettbewerbssituation								
Verhalten der etablierten Wettbewerber								
Wettbewerbsklima								
Variabilität der Wettbewerbsbedingungen								
Marktzugang (Markteintrittsbarrieren)								
Stellung im Marktlebenszyklus								
Technologisches Niveau/Innovationsbedürftigkeit								
Bedrohung durch Substitutionsprodukte								
Summe (Vergleichsbasis)								

Bewertungskriterien von 1 (ungünstig) bis 5 (sehr günstig)

Gewichtung von 3 (hohe Bedeutung) bis 1 (geringe Bedeutung)

Gesamtbewertung einer Branche (max. ... Punkte):

Kategorie I	Punkte	sehr günstig
Kategorie II	Punkte	günstig
Kategorie III	Punkte	durchschnittlich
Kategorie IV	Punkte	wenig günstig
Kategorie V	Punkte	ungünstig

Tabelle 22-2 *Checkliste zur Branchenanalyse*[126]

---

[126] Strunz, Herbert; Dorsch, Monique: Internationalisierung der mittelständischen Wirtschaft – Instrumente zur Erfolgssicherung, Frankfurt/M. u.a. 2001, 76f

Bereich	Zeitrahmen		
	kurzfristig	mittelfristig	langfristig
Nachfrage			
Angebot			
Wettbewerbssituation			
Wirtschaftliche Entwicklung			
Politische Entwicklung			
Gesellschaftliche Entwicklung			

Tabelle 22-3 Prognose der Chancen und Risiken einer Branche (verbalisiert)[127]

[127] Strunz, Herbert; Dorsch, Monique: Internationalisierung der mittelständischen Wirtschaft – Instrumente zur Erfolgssicherung, Frankfurt/M. u.a. 2001, 78

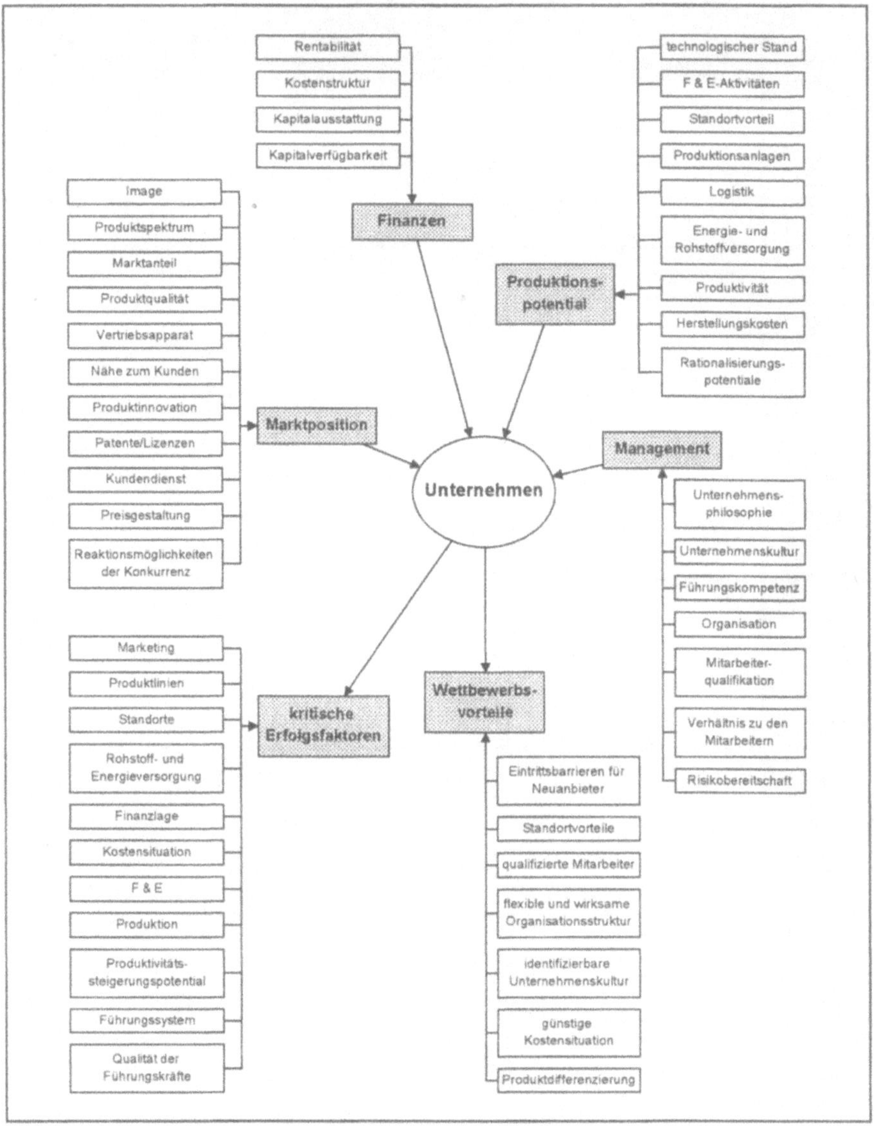

Abbildung 22-2 Kriterien der Unternehmensanalyse[128]

[128] Strunz, Herbert; Dorsch, Monique: Internationalisierung der mittelständischen Wirtschaft – Instrumente zur Erfolgssicherung, Frankfurt/M. u.a. 2001, 92

Kriterien der Unternehmensanalyse	Gewichtung	Bewertung					Wert	Wert max.
		1	2	3	4	5		
Marktposition								
Image								
Produktspektrum								
Marktanteil								
Produktqualität								
Vertriebsapparat								
Nähe zum Abnehmer								
Patente/Lizenzen								
Kundendienst								
Preisgestaltung								
Reaktionsmöglichkeiten der Konkurrenz								
Finanzen								
Rentabilität								
Kostenstruktur								
Kapitalausstattung/Kapitalverfügbarkeit								
Produktionspotential								
Technologischer Stand/Produktionsanlagen								
F&E-Aktivitäten								
Standortvorteil								
Energie- und Rohstoffversorgung								
Logistik								
Produktivität								
Herstellungskosten								
Rationalisierungspotentiale								
Management								
Unternehmensphilosophie/-kultur								
Führungskompetenz/Organisation								
Mitarbeiterqualifikation								
Verhältnis zu den Mitarbeitern/Betriebsklima								
Risikobereitschaft								
Summe (Vergleichsbasis)								

Fortsetzung

Bewertungskriterien von 1 (ungünstig) bis 5 (sehr günstig)		
Gewichtung von 3 (hohe Bedeutung) bis 1 (geringe Bedeutung)		
Gesamtbewertung des Unternehmens (max. ... Punkte):		
Kategorie I	Punkte	sehr günstig
Kategorie II	Punkte	günstig
Kategorie III	Punkte	durchschnittlich
Kategorie IV	Punkte	wenig günstig
Kategorie V	Punkte	ungünstig

Tabelle 22-4 *Checkliste zur Unternehmensanalyse (Beurteilung von Stärken, Schwächen und Wettbewerbsvorteilen)*[129]

[129] Strunz, Herbert; Dorsch, Monique: Internationalisierung der mittelständischen Wirtschaft – Instrumente zur Erfolgssicherung, Frankfurt/M. u.a. 2001, 93

Literatur & Quellen

Bischof, Günter; Pelinka, Anton; Wodak, Ruth (Eds.): Neutrality in Austria, Contemporary Austrian Studies Vol. 9, New Brunswick/ London 2001

Böheim, Michael: Benchmarking volkswirtschaftlicher Rahmenbedingungen auf Unternehmensebene, Wien 2000

Böheim, Michael: Marktchancen der österreichischen Industrie, in: WIFO Monatsberichte 6/1999, 405-418

Botz, Gerhard; Müller, Alfred: Identität und Differenz in Österreich. Zu Gesellschaftsgeschichte, Politik- und Kulturgeschichte vor und nach 1945, in: Österreichische Zeitschrift für Geschichtswissenschaften 6/1995, 7-40

Brandstetter, Wolfgang; Loibl, Gerhard: Neutralität und Waffenexporte II, Wien 1991

Brandstetter, Wolfgang; Loibl, Gerhard; Raschauer, Bernhard; Schmied, Gero: Neutralität und Waffenexporte, Wien 1990

Bruckmüller Ernst: Österreich im 19. Jahrhundert - Der habsburgische Mythos, in: Flacke, Monika (Hrsg.): Mythen der Nationen. Ein europäisches Panorama. München/Berlin 2001, 269-294

Bruckmüller, Ernst: Die Entwicklung des Österreichbewusstseins, in: Kriechbaumer, Robert (Hrsg.), Österreichische Nationalgeschichte nach 1945. Bd. 1: Die Spiegel der Erinnerung: Die Sicht von innen. Wien/Köln/Weimar 1998, 369-396

Bruckmüller, Ernst: Österreichbewußtsein im Wandel. Identität und Selbstverständnis in den 90er Jahren, Wien 1994

Bundesgesetzblatt für die Republik Österreich, Jahrgang 2001, ausgegeben am 12. Juni 2001, 57. Bundesgesetz, mit dem das Bundesgesetz über die Ein-, Aus- und Durchfuhr von Kriegsmaterial und das Waffengesetz 1996 geändert werden sowie ein Truppenaufenthaltsgesetz erlassen wird, http://www.ris.bka.gv.at/bgblpdf/images2001/2001a 57.pdf, 23.08.2004

Bundesgesetzblatt für die Republik Österreich, Jahrgang 2001, ausgegeben am 16. November 2001, 122. Bundesgesetz: Einrichtung eines Nationalen Sicherheitsrates und Änderung des Wehrgesetzes 1990, http://www.bundeskanzleramt.at/2004/4/4/bundesgesetz_nsr.pdf, 23.08.2004

Convention (V) Respecting the Rights and Duties of Neutral Powers and Persons in case of War on Land, signed at The Hague, 18 October 1907, http://fletcher.tufts.edu/multi/texts/BH037.txt, 24.8.2004

Die ÖVP für Sicherheit und Solidarität. Fragen und Antworten zur Sicherheitspolitik, Nr. 91/XXGP, 16.7.1999, http://klub.oevp.at/download/924.pdf, 28.08.2004

Die Verfassung der Europäischen Union, Entwurf, Stand: Teile I und II lt. Konventsdokument CONV 820/03 vom 20. 6. 2003, Teile III und IV lt. Konventsdokument CONV 802/03 vom 12.06.2003

Dokumente betreffend den Beitritt des Königreichs Norwegen, der Republik Österreich, der Republik Finnland und des Königreichs Schweden zur Europäischen Union, Amtsblatt Nr. C 241 vom 29. August 1994, http://europa.eu.int/eur-lex/de/treaties/dat/AU_FI_SV_accession.html#0009010007, 22.08.2004

Ecker, Gerold; Neugebauer, Christian (Hrsg.): Neutralität oder Euromilitarismus – Das Exempel Österreich, Wien 1993

Ein sicheres Europa in einer besseren Welt, http://www.uni-kassel.de/fb10/frieden/themen/Europa/solana-papier.html, 28.08.2004

Erklärung des europäischen Rates zur Stärkung der gemeinsamen Sicherheits- und Verteidigungspolitik, Anhänge zu den Schlußfolgerungen des Vorsitzes, Europäischer Rat Köln, 3. und 4. Juni 1999,

Anhang III, http://europa.eu.int/council/off/conclu/june99/annexe_de.htm#a3, 28.08.2004

Ermacora, Felix: 20 Jahre österreichische Neutralität, Frankfurt 1975

Eurobarometer 59 (Spring 2003), Public Opinion in the European Union, National Reports, Compilation of the 15 National Executive Summaries, http://europa.eu.int/comm/public_opinion/archives/eb/eb59/COMPILED_EB_N59.1%20EXECUTIVE_SUMMARIES.pdf, download 30.08.2004

Eurobarometer 61 (Spring 61) National Report, Executive Summary, Austria, http://europa.eu.int/comm/public_opinion/archives/eb/eb61/nat_austria.pdf, 30.08.2004

Europäische Kommission: Eurobarometer 59, die öffentliche Meinung in der Europäischen Union, Frühjahr 2003, Ausgabe Juli 2003, http://europa.eu.int/comm/public_opinion/archives/eb/eb59/eb59_rap port_final_de.pdf, 30.08.2004

Europäisches Parlament, Ausschuß für auswärtige Angelegenheiten, Menschenrechte, gemeinsame Sicherheit und Verteidigungspolitik: Bericht über die Mitteilung der Kommission zur Konfliktprävention (KOM(2001) 211. C5-0458/2001. 2001/2182(COS)), endgültig A5-0394/2001, 9. November 2001, http://www.bits.de/CESD-PA/Lagendijk_d.pdf, 31.08.2004

Faire Chancen für alle! 26 Projekte für die Zukunft Österreichs. Programm der Sozialdemokratischen Partei Österreichs für die Jahre 2003 bis 2006, http://www.diekampagne.spoe.at/programm/programm.php4, 28.04.2004

Felbermayer, Günter: Die Neutralität als Wahlkampfthema. Inhaltsanalytische Untersuchung der Berichterstattung ausgewählter Tages- und Wochenzeitungen zu den Wahlkämpfen für die Wahlen zum Europäischen Parlament sowie zum Nationalrat 1999, Diplomarbeit, Wien 2001

Felderer, Bernhard: Standortattraktivität Österreichs im europäischen Steuerwettbewerb, Wien 2002

Filzmaier, Peter: Außenpolitik und Neutralität, http://www.politische-bil-
dung.at/content/download/1272/Skriptum%20IP%20Filzmaier%20Ge
wessler%20H%C3%B6ll%20Kapitel%206, 164, 17.08.2004

Gärtner, Heinz: Neutralität als politisches Verhaltensprinzip. Die rechtliche Diskussion – Das Beispiel Österreich, in: Bächler, Günther (Hrsg.): Beitreten oder Trittbrettfahren? Die Zukunft der Neutralität in Europa, Bern 1994, 99-110

Gärtner, Heinz; Hyde-Price, Adrian; Reiter, Erich (Eds.): Europe's New Security Challenges, Boulder 2000

Gasteyger, Curt: Strategische Folgen der EU-Osterweiterung, in: Reiter, Erich (Hrsg.): Jahrbuch für internationale Sicherheitspolitik 2001, Hamburg/Berlin/Bonn 2001, 157-166

Gehler, Michael: Finis Neutralität? Historische und politische Aspekte im europäischen Vergleich: Irland, Finnland, Schweden, Schweiz und Österreich. ZEI Discussion Paper C92, Bonn 2001

Ghezzo, Michael: Neutralität oder NATO-Beitritt? Die Debatte um die Optionen der künftigen österreichischen Sicherheitspolitik und ihre Voraussetzungen, Diplomarbeit, Wien 1998

Griller Stefan: Die GASP und das Ende der immerwährenden Neutralität, in: Hummer, Waldemar (Hrsg.): Rechtsfragen in der Anwendung des Amsterdamer Vertrags, Wien 2001, 261-280

Grubert, Edwin: Paradigmenwandel im Recht der Neutralität im ausgehenden 20.Jahrhundert, Innsbruck 1995

Grundsatzprogramm. Beschlossen am 30. ordentlichen Parteitag der Österreichischen Volkspartei am 22. April 1995 in Wien, 29, http://www.oevp.at/download/000298.pdf, 28.08.2004

Grundsatzprogramm der Grünen. Beschlossen am 20. Bundeskongress am 7. und 8. Juli 2001 in Linz, http://www.gruene.at/docs/grundsatzprogramm2001.doc

Heidegger, Klaus; Steyrer, Peter: NATO-Streit in Österreich – Handbuch zur Neutralität und Sicherheitspolitik, Thaur/Wien/München 1997

Heiss, Hubert: Was bringt der Entwurf der EU Verfassung im Bereich GASP und ESVP? http://www.oefz.at/fr/bilat/Bilateral2003/heiss.pdf, 31.08.2004

Helmke, Thomas: Die Neutralen in der GASP. Der Einfluss der bündnisfreien Mitgliedstaaten auf die Weiterentwicklung der Gemeinsamen Außen- und Sicherheitspolitik der Europäischen Union durch den Amsterdamer Vertrag. Diss., Osnabrück 2000

Höflechner, Barbara: Herkunft und Zukunft der Neutralität Österreichs, Graz 1998

Höll, Otmar (Ed.): Small States in Europe and Dependence (The Laxenburg Papers 6), Wien 1983

Höll, Otmar: Außen- und Sicherheitspolitik, in: Neisser, Heinrich; Puntscher Riekmann, Sonja (Hrsg.): Europäisierung der österreichischen Politik. Konsequenzen der EU-Mitgliedschaft, Wien 2002, 369-397

Hollerer, Franz: Die sicherheitspolitische Bedeutung der Neutralität im neuen Europa unter besonderer Berücksichtigung der Auswirkungen auf die Handlungsmöglichkeiten. Diplomarbeit Wien 1997

Hollnbuchner, Birgit: Österreich und die Neutralität – politische Dimension oder historische Illusion? Konstanten und Brüche in der Bedeutung und Interpretation der Neutralität in Österreich vom Staatsvertrag 1955 bis zur Diskussion eines NATO-Beitritts 1999, Wien 1999

Huber, Johannes: Österreich und die Westeuropäische Union: als neutraler Staat in das Bündnis? Diplomarbeit, Wien 1998

Hummer, Waldemar: Rechtsfragen in der Anwendung des Amsterdamer Vertrages, Wien 2001

Hummer, Waldemar: Völkerrechtliche Aspekte des österreichischen Beitritts zur EU: Das vorläufige Ende von 50 Jahren Integrationspolitik, in: Rothacher, Albrecht et al. (Hrsg.): Österreichs europäische Zukunft – Analysen und Perspektiven, Wien 1996

Jenny, Christian: Konsensformel oder Vorbild? Die Entstehung der österreichischen Neutralität und ihr Schweizer Muster. Schriftenreihe der schweizerischen Gesellschaft für Außenpolitik Band 12, Bern/Stuttgart/Wien 1995

Kellogg-Briand Pact 1928, http://www.yale.edu/lawweb/avalon/imt/kbpact.htm, 24.08.2004

Kempf, Wilhelm: Die Konstruktion nationaler Identität in der österreichischen Presse seit '45, in: conflict and communication online, Vol 1/2002, http://www.cco.regener-online.de/2002_1/pdf_2002_1/kempf.pdf, 23.08.2004

Khol, Andreas: Außenpolitik zwischen Konflikt und Konsens. Versuch einer Bilanz 1975-1978, in: Khol, Andreas; Stirnemann, Alfred (Hrsg.): Jahrbuch für Politik, 1978, 161-198

Kicker, Renate: Die Außenpolitik Österreichs in der Zweiten Republik, http://www.demokratiezentrum.org/pdfs/kicker.pdf, 17.08.2004

Koalitionsabkommen vom 11.03.1996

Koalitionsübereinkommen vom 4.2.2000, http://www.widerstand.at/assets/pdf/pakt_vpf.pdf, 23.8.2004

Konferenz der Vertreter der Regierungen der Mitgliedstaaten: Vertrag über eine Verfassung für Europa, Brüssel, den 6. August 2004, CIG 87/04, http://ue.eu.int/igcpdf/de/04/cg00/cg00087.de04.pdf, 28.08.2004

Konferenz der Regierungen der Mitgliedstaaten: 23. Protokoll über die ständige strukturierte Zusammenarbeit gemäß Artikel I-41 Absatz 6 und Artikel III-312 der Verfassung in: Addendum 1 zu Dokument 87/04, betr. Protokolle und Anhänge I und II zum Vertrag über eine Verfassung für Europa, Brüssel, den 6. August 2004, http://ue.eu.int/igcpdf/de/04/cg00/cg00087-ad01.de04.pdf, 31.08.2004

Kovàcs, Andràs; Wodak, Ruth (Hrsg.): NATO, Neutrality and National Identity: the case of Austria and Hungary, Wien 2003

Krabath, Wolfgang: Das Ende des Ost-West-Konflikts und der Wandel der Außen- und Sicherheitspolitik der (vormals) neutralen Staaten Österreich, Schweden, Finnland und der Schweiz, Wien 1997

Krabath, Wolfgang: Das Ende des Ost-West-Konflikts und der Wandel der Außen- und Sicherheitspolitik der (vormals) neutralen Staaten Österreich, Schweden, Finnland und der Schweiz, Wien 1997

Kramer, Helmut: Austrian Foreign Policy from the State Treaty to European Union Membership (1955-95), in: Luther, Kurt Richard; Peter Pulzer: Austria 1945-95. Fifty Years of the Second Republic, Aldershot/Brookfield/Singapore/Sydney 1998, 161-180

Kramer, Helmut: Österreichische Außenpolitik im Projekt Europa, in Reffet, Michel (Hrsg.): L'Autriche et l'idee d'Europe, Dijon 1997, 395-411

Krammer, Elisabeth: Die österreichische Neutralität im Zusammenhang mit der EG-Diskussion. Entstehungsgeschichte und Wirkungsbereich des immerwährend neutralen Österreichs unter besonderer Hervorhebung der Problematik eines Beitritts zu den europäischen Gemeinschaften, Klagenfurt 1993

Krammer, Elisabeth: Die österreichische Neutralität im Zusammenhang mit der EG-Diskussion. Entstehungsgeschichte und Wirkungsbereich des immerwährend neutralen Österreichs unter besonderer Hervorhebung der Problematik eines Beitritts zu den europäischen Gemeinschaften, Klagenfurt 1993

Lingens, Peter Michael: Wehrloses Österreich? Neutralität oder Nato – Alternativen in der Sicherheitspolitik, Wien 2000

Lottes, Robert: Innen- und Außensichten der österreichischen Neutralität nach der Zeitenwende, Wien 1999

Lugmayr, Martin: Österreich und die EU-Osterweiterung, Frankfurt/M. 2002

Luif, Paul: Der Wandel der österreichischen Neutralität: ist Österreich ein sicherheitspolitischer Trittbrettfahrer? Arbeitspapiere Österreichisches Institut für Internationale Politik,18, Laxenburg 1998

Michal, Silvia: Die österreichische UNO-Politik in den siebziger Jahren. Dissertation, Wien 1985

Michal-Misak, Silvia: Die ‚Wende' im außenpolitischen Bericht 1987, in: International – Zeitschrift für internationale Politik, 2/1988, 9-11

Michal-Misak, Silvia: Einig, stark und sichtbar? Zur jüngsten Entwicklung der Außen- und Sicherheitspolitik der EU, in: International – Zeitschrift für Internationale Politik, 5/2001, 18-22

Michal-Misak, Silvia: Gemeinsame Außen- und Sicherheitspolitik im Rahmen der Politischen Union der Europäischen Gemeinschaften. Unveröffentlichter Forschungsbericht. Forschungsprojekt des Fonds zur Förderung der wissenschaftlichen Forschung, Wien 1992

Mouridsen, Dan Flemming Nikolaj: Die Neutralen Österreich, Schweden und Finnland. Ein sicherheitspolitischer Diskurs in den 90er Jahren, Dissertation, Wien 1999

Müller-Funk, Wolfgang: Österreichische Identität und Neutralität, in: Österreichisches Studienzentrum für Frieden und Konfliktlösung (Hrsg.): Harmonie und Gewalt, Münster 1997

Neisser, Heinrich; Verschraegen, Bea: Die Europäische Union – Anspruch und Wirklichkeit, Wien/New York 2001

Nowotny, Thomas: Österreich und die EG. Die politische Dimension, in: International – Zeitschrift für internationale Politik, Wien 1987, 23

o.V.: Kampf um Auslandsinvestoren wird härter, in: Der Standard, 19.03.2002, 19

o.V.: Nichterweiterung wäre teuer, in: Der Standard, 01.03.2002, 19

OECD (Hrsg.): OECD-Wirtschaftsberichte – Österreich 2001, http://www.oecd.org, 12.02.2002

Oesterreichische Nationalbank: Österreichische Direktinvestitionen im Ausland und ausländische Direktinvestitionen in Österreich – Stand per Ende 1999, in: Statistisches Monatsheft der Oesterreichischen Nationalbank, 6/2001, 13

Oesterreichische Nationalbank: Österreichische Direktinvestitionen im Ausland und ausländische Direktinvestitionen in Österreich – Stand per Ende 2000, in: Statistisches Monatsheft der Oesterreichischen Nationalbank, 6/2002, 13

Parteienvereinbarung zwischen SPÖ und ÖVP zur weiteren Vorgangsweise in der Integrationspolitik vom 26.06.1989

Pelinka, Anton: Austria. Out of the Shadow of the Past, Boulder 1998, 157-172

Pieper, Ulrike: Neutralität von Staaten, Frankfurt, Berlin, Bern, New York, Paris, Wien 1996

Portisch, Hugo: Die Zukunft in der Vergangenheit erkennen, in: http://www.arbeitskreis-ost.at/journal/die_zukunft_in_der_vergangenheit.htm, 25.01.2002

Rathkolb, Oliver: International Perceptions of Austrian Neutrality, in: Bischof, Günter; Pelinka, Anton; Wodak, Ruth (Eds.): Neutrality in Austria. Contemporary Austrian Studies Vol. 9, New Brunswick/ London 2001

Regierungserklärung 2003-2006, Dr. Wolfgang Schüssel 06.03.2003

Regierungserklärung Bundeskanzler Dr. Wolfgang Schüssel, „Österreich neu regieren", 09.02.2000

Regierungsprogramm 2003-2006, Regierungsprogramm der österreichischen Bundesregierung für die XXII. Gesetzgebungsperiode

Rehrl, Jochen: Österreich, Neutralität und NATO. Institut für Völkerrecht und Internationale Beziehungen, Salzburg 1999

Reif, Hubert: Die zukünftige Rolle des österreichischen Bundesheeres unter dem Aspekt einer Teilnahme an einem gesamteuropäischen Sicherheitssystem, Wien 1994

Reiter, Erich (Hrsg.): Die Meinungen der Österreicher zu Neutralität, Sicherheit und NATO in Diagrammen und Tabellen. Informationen zur Sicherheitspolitik, Wien 1999

Roithner, Thomas; Fischer, Heinz; Mader, Gerald; Leidenmühler, Franz; Jäger, Inge; Hautmann, Hans; Einem, Caspar; Lanc, Erwin; Ehrenberger, Irmgard: Von der sozialen zur militärischen Sicherheit? Die Rolle der Neutralität im 21. Jahrhundert, Wien 2001

Rotter, Manfred: Von der integralen zur differentiellen Neutralität, in: Europäische Rundschau 19. Jg., Heft 3/1991, 25-35

Schaller, Stefan: 25 Armeen oder eine? Die Einstellung der Österreicher zu einer gemeinsamen Europäischen Armee, Wien 2003, http://www.bmlv.gv.at/pdf_pool/publikationen/geseupol.pdf, 28.08.2004

Schaub, Adrian R.: Neutralität und kollektive Sicherheit. Gegenüberstellung zweier unvereinbarer Verhaltenskonzepte in bewaffneten Konflikten und These zu einem zeit- und völkerrechtsgemäßen modus vivendi, Diss., Basel/Frankfurt 1995

Schneider, Heinrich: Der sicherheitspolitische „Optionenbericht" der österreichischen Bundesregierung: Ein Dokument, das es nicht gibt – und ein Lehrstück politischen Scheiterns, Informationen zur Sicherheitspolitik Nr. 16, März 1999

Schöfbänker, Georg: Neutralität – quo vadis? Struktur eines außenpolitischen Prioritätskonflikts, Schlaining Working papers Nr. 1, Schlaining 1997

Schröter, Patrick: Neutralität und GASP – Erste Erfahrungen Finnlands, Österreichs und Schwedens, Bern 1997

Sicherheits- und Verteidigungsdoktrin, 12.12.2001, http://www.bka.gv.at/2004/4/4/doktrin_d.pdf, 25.08.2004

Sicherheits- und Verteidigungsdoktrin, Analyseteil, Bericht an den Nationalrat, verfasst von einer Expertenkommission im Auftrag der Bundesregierung, 23.01.2001, http://www.bka.gv.at/2004/4/4/sicherheit.pdf, 25.08.2004

Strunz, Herbert; Al-Ani, Ayad (Hrsg.): Österreichische Unternehmen im Europäischen Binnenmarkt, Wien 1992

Strunz, Herbert; Dorsch, Monique: Internationale Märkte, München/Wien 2001

Strunz, Herbert; Dorsch, Monique: Internationalisierung der mittelständischen Wirtschaft – Instrumente zur Erfolgssicherung, Frankfurt/M. 2001

Toth, Wilhelm: Europa als Dimension verschiedener Akteure im politischen System Österreichs von 1972 bis 1980, Wien 1996

Treitinger, Nathalie Elisabeth: Die gemeinsame Außen- und Sicherheitspolitik und die österreichische Neutralität, Diplomarbeit, Innsbruck 2001

Türk, Helmut: Österreich im Spannungsfeld von Neutralität und kollektiver Sicherheit, Juristische Schriftenreihe Band 109, Wien 1997

Unterberger, Andreas: Die drei großen Mythen. Österreichische Außenpolitik 1970 bis 1980, in: Mock, Alois (Hrsg.), Durchbruch in die Moderne, Graz/Wien/Köln 1981, 141-209

Vereinigung der Österreichischen Industrie (Hrsg.): Der Mitteleuropäische Zentralraum, Wien 1999

Vereinigung der Österreichischen Industrie (Hrsg.): Der Mitteleuropäische Zentralraum – Schwarzbuch, Wien 1999

Vereinigung der Österreichischen Industrie (Hrsg.): Österreich AG – Geschäftsbericht 2001, Wien 2002

Vereinigung der Österreichischen Industrie (Hrsg.): Österreich im internationalen Benchmark 2002, Wien 2001

Vereinigung der Österreichischen Industrie (Hrsg.): Unternehmerland Österreich, Wien o.J.

Vester, Frederic; v. Hesler, Alexander: Sensivitätsmodell, Frankfurt 1980

Wandl, Claudia: Die Neutralität aus Sicht der Bevölkerung. Vortrag bei der ÖVM-Tagung „Immerwährende Neutralität“ am 30.10.2001, unveröffentlichtes Manuskript

Weber, Andreas (Hrsg.): Streitfall Neutralität: Geschichten, Legenden, Fakten, Wien 1999

Wöber, Martin: Austria oder Australia? Österreich vor der Wahl zwischen eigenständiger Neutralitätspolitik und außenpolitischer Abhängigkeit, Frankfurt/M. 2002

Wodak, Ruth et al.: Neutralität und Identität. Projektendbericht. Wittgenstein Research Center for Discourse, Politics and Identity, Wien 1999

Wodak, Ruth; de Cillia, Rudolf et al.: Zur diskursiven Konstruktion nationaler Identität, Frankfurt/M. 1998

Wodak, Ruth; Kovács, Andràs: NATO, Neutrality and National Identity, unveröffentlichtes Manuskript, 2001

Internationale Märkte

Herausgegeben von Prof. Dr. Herbert Strunz

Die Schriftenreihe „Internationale Märkte" veröffentlicht Monographien und Sammelbände, die sich der marktbezogenen Analyse von Ländern, Branchen und entsprechenden Aspekten des internationalen Managements widmen und wendet sich an ein am aktuellen Geschehen auf verschiedenen Märkten interessiertes Publikum. Autoren, die an einer Veröffentlichung interessiert sind, werden gebeten, sich mit dem Herausgeber der Reihe oder dem Verlag in Verbindung zu setzen.

Band 1 Herbert Strunz: Irak. Wirtschaft zwischen Embargo und Zukunft. 1998.

Band 2 Diana Kowalski: Die Erschließung des Marktes in der Tschechischen Republik. Instrumente, Probleme, Perspektiven. 1999.

Band 3 Herbert Strunz / Monique Dorsch: Libyen. Zurück auf der Weltbühne. 2000.

Band 4 Herbert Strunz / Monique Dorsch: Internationalisierung der mittelständischen Wirtschaft. Instrumente zur Erfolgssicherung. 2001.

Band 5 Herbert Strunz / Monique Dorsch: Algerien. Krise und Hoffnung. 2002.

Band 6 Rica Staiger: Tunesien. Aufstieg zwischen Orient und Okzident. 2003.

Band 7 Herbert Strunz / Monique Dorsch: Sicherheitspolitik und Wirtschaft. 2003.

Band 8 Kati Fleischmann: Schattenseiten des Marketing. Der Kampf um Märkte und Verbraucher heute. 2003.

Band 9 Susanne Klein: Umweltschutz in China. 2004.

Band 10 Franziska Wolf: Senegal. Entwicklungsland im Globalisierungswettlauf. 2004.

Band 11 Silvia Michal-Misak / Monique Dorsch / Herbert Strunz: Perspektiven der österreichischen Neutralität. Politische und ökonomische Auswirkungen. 2005.

www.peterlang.de

Peter Lang · Europäischer Verlag der Wissenschaften

Helmut Kramer (Hrsg.)

Demokratie und Kritik – 40 Jahre Politikwissenschaft in Österreich

Frankfurt am Main, Berlin, Bern, Bruxelles, New York, Oxford, Wien, 2004.
374 S., zahlr. Tab.
ISBN 3-631-52509-5 · br. € 25.–*

Die Politikwissenschaft ist in Österreich eine im Vergleich mit anderen westlichen Ländern „verspätete" Wissenschaft. Sie ist erst in den 1960er Jahren entstanden, wurde im Kontext der Studentenbewegung 1968 als „subversive Wissenschaft" betrachtet und hat sich in der Zwischenzeit zu einer erfolgreichen „Normalwissenschaft" entwickelt, die sehr hohe Attraktivität bei den Studierenden in Österreich genießt. In diesem Band wird eine Bilanz der bisherigen Leistungen, aber auch der Defizite der Politikwissenschaft gezogen und mögliche Entwicklungsstrategien angesichts der gegenwärtig vor sich gehenden Neuorganisation der österreichischen Universitäten diskutiert.

Aus dem Inhalt: Mit Beiträgen von: Eva Kreisky · Hubert Sickinger · Reinhard Heinisch · Anton Pelinka · Kurt P. Tudyka · Hans-Georg Heinrich · Birgit Sauer · Maria Rösslhumer · Lisbeth N. Trallori · Otmar Höll · Gerda Falkner · Petra Purkarthofer · Andreas Pribersky · Thomas Nowotny · Hans Heinz Fabris · Regina Köpl · Karin Liebhart

Frankfurt am Main · Berlin · Bern · Bruxelles · New York · Oxford · Wien
Auslieferung: Verlag Peter Lang AG
Moosstr. 1, CH-2542 Pieterlen
Telefax 00 41 (0) 32 / 376 17 27

Kolibri 360 GmbH
Ferdinand-Jühlke-Straße 7
99095 Erfurt, Deutschland
produktsicherheit@kolibri360.de

Druck:
CPI Druckdienstleistungen GmbH
im Auftrag der
Kolibri 360 GmbH
Ferdinand-Jühlke-Str. 7
99095 Erfurt